LÉONIE DUSSEUIL

Philosophie du Cœur

Précédée d'une Préface de FRANÇOIS COPPÉE
DE L'ACADÉMIE FRANÇAISE

(Nouvelle édition)

PARIS
ANCIENNE MAISON DOUNIOL
TÉQUI, libraire-éditeur
29, rue de Tournon, 29

1901

Ecole prof. d'Imp..., 19, rue Bonaparte. — Paris

8°R
17383

Philosophie du Cœur

LÉONIE DUSSEUIL

Philosophie du Cœur

Précédée d'une Préface de FRANÇOIS COPPÉE
DE L'ACADÉMIE FRANÇAISE

PARIS
ANCIENNE MAISON DOUNIOL
TÉQUI, libraire-éditeur
29, rue de Tournon, 29

1901

PRÉFACE DE FRANÇOIS COPPÉE

Je n'ai aucun titre, Mademoiselle, pour recommander un ouvrage tel que celui-ci, mais j'en ai senti, mieux que beaucoup d'autres peut-être, le charme pénétrant; car, depuis la mort de ma mère — il y a plus d'un quart de siècle — ma sœur aînée, qui est restée fille et ne m'a jamais quitté, a pris sa place auprès de moi et a assuré le bonheur et la dignité de ma vie.

J'ai donc lu avec une vive émotion les aimables pages où vous tracez d'une plume si pure et si délicate le rôle de la « Vieille demoiselle » dans la famille et dans la société. Vous nous la montrez telle qu'elle doit être, telle qu'elle est si souvent, surtout quand la soutient la foi chrétienne, c'est-à-dire prête à tous les dévouements, à toutes les abnégations, à tous les sacrifices, et

PRÉFACE DE FRANÇOIS COPPÉE

satisfaisant l'instinct contrarié de la maternité en répandant une bonté plus tendre, une bonté maternelle sur tous ceux qui l'entourent.

Vous avez écrit un livre de consolation et de charité. Il fera du bien, d'autant plus que la vertu y a de la grâce, que la morale y consent à sourire et que la voix du devoir s'y fait séduisante et douce.

Veuillez agréer, Mademoiselle, l'hommage de mes sentiments très respectueux.

François COPPÉE.

Paris, 23 Novembre 1900.

PRÉFACE DE L'AUTEUR

Ceci n'est point le livre d'un philosophe, ni un ouvrage d'éducation, l'auteur n'ayant pas qualité pour traiter si docte matière. Ces pages renferment seulement quelques esquisses des difficultés, des inévitables épreuves de la vie, avec les apaisantes pensées que peuvent inspirer les choses souffertes et les humbles conseils qu'ose dicter la science expérimentale.

L'auteur voudrait aussi ramener le goût du foyer, de l'intimité de la famille, douces habitudes d'autrefois, dispersées aujourd'hui aux quatre vents du ciel.

Le siècle qui s'achève, le plus grand, dit-on, par ses découvertes scientifiques, comptera aussi pour la femme, qu'il a mise en lumière, peut-être plus que de raison.

Que de choses tentées pour l'émancipation de cette chère créature, pour son instruction virile, sa participation aux privilèges masculins dans les diplômes, les doctorats et autres titres ! L'avenir dira ce qu'il peut en sortir d'utile.

Il nous a semblé que dans cette vie tout extérieure, le foyer était quelque peu délaissé.

La femme quitte son royaume pour conquérir une terre étrangère, ingrate à défricher pour ses faibles bras, sans fraîcheur et sans charmes où elle récoltera, il est à craindre, plus d'épines que de fleurs.

Le tableau que l'Ecriture Sainte nous trace de la Femme forte, reine de la famille, restera malgré tout l'idéal de la femme dans tous les temps ; l'idéal, tel que la nature et la Providence l'ont créé. Il y a pour elle, au foyer, des devoirs si nobles, si graves, en même temps si doux et si aimables, qu'on ne peut comprendre qu'elle les dédaigne pour chercher à briller sur un terrain excentrique et viril.

C'est pour lui montrer la beauté, la grâce des fleurs de son jardin, que ces lignes sont écrites ; pour lui dire encore que dans sa demeure résident pour elle la force et la joie.

Certes, nous ne sommes pas l'adversaire du travail des femmes ; dans les classes pauvres, même dans les classes moyennes, il faut que la femme possède le moyen de gagner sa vie et au besoin celle de ses enfants. Plus que jamais elle doit conquérir, par son labeur, la paix, la dignité, l'indépendance de la vie.

Dans les milieux riches, la femme est tenue de participer aux progrès modernes ; vivant aux côtés d'un père, d'un mari, d'un frère, elle ne peut se désintéresser de ce qui les occupe ; mais elle leur sera d'autant plus utile qu'elle pourra se placer hors de l'arène ; ses conseils seront d'autant plus justes qu'elle se tiendra dans une région sereine, au dessus des luttes et des orages.

La femme, qui paraît tenir si peu de place dans la vie publique, inspire plus qu'on ne pense les délibérations masculines. La femme qui ne vote pas, ne légifère pas, ne tire ni l'épée ni le canon, est souvent, malgré cela, la raison, la lumière et la bravoure de l'homme. Quel mystère ! En sortant du cœur d'Adam, Eve a laissé la porte ouverte, et depuis, le bien et le mal entrent au cœur viril par une douce voix.

L'homme va aux collèges, aux grandes écoles, aux armées ; il s'ajoute aux nombreuses réunions de ses semblables. L'homme souffle sur l'esprit de l'homme, tour à tour, la vérité et le mensonge ; dans les jeunes cerveaux se livrent de grandes batailles où les idées se mêlent, se combattent, se détruisent ; puis il survient un vent d'orage qui emporte ce tourbillon ; on se réveille, la maturité est venue ; on s'étonne à peine d'être si froid pour les enthousiasmes d'hier, si indifférent aux passionnantes choses d'autrefois.

Les idées, semées par l'homme, ont été en grande partie dévorées par les oiseaux de passage. Mais il est une région de l'âme où les sentiments ont germé ; les sentiments précèdent les idées et leur survivent.

Le cœur a reçu dès l'enfance des impressions nobles ou égoïstes, désintéressées ou cupides, héroïques ou vulgaires. Vienne le milieu de la vie, l'homme, prodigue de sa belle matinée, regarde avec mélancolie son rapide passé et jette un regard sérieux vers le mystérieux inconnu : l'Avenir ! Là, il se trouve en présence des sentiments qui lui restent, et selon qu'aura soufflé par la brèche vulnérable la voix d'un bon ange ou celle d'une femme vulgaire, il sera désormais gouverné par le devoir ou l'intérêt, ces deux géants qui se partagent le monde.

ROLE
DE LA
VIEILLE DEMOISELLE

LETTRE PREMIERE

Te voilà donc partie, mon enfant, loin, très loin de ta chère vallée, de tes bois, de ta vieille amie, de tout ce qui a entouré ton enfance d'affection, de charme et de bonheur.

La mort de ta mère, l'éducation de ta jeune sœur, de tes frères, la profonde douleur de ton père, tout a décidé le départ et le sacrifice du pays natal.

Tu me demandes conseil et appui dans ta vie nouvelle ; mon cœur s'ouvre maternellement pour toi, et puissent mes expériences, pénibles ou heureuses, te rendre la route plus facile !

Et d'abord ne t'effraie pas d'habiter cette grande

cité où tu te sens si petite, si isolée, et comme perdue dans l'immensité.

Elle renferme dans son vaste sein tous les éléments, bons et mauvais.

Si tu gouvernes sagement ta vie, attentive à écarter les relations douteuses, à profiter des circonstances favorables, tu trouveras sur ton chemin des âmes nobles et belles dont tu jouiras pleinement.

Tu n'as pas la vocation du mariage, mais toute femme reçoit celle du dévouement.

Ne pas être enchaînée par un lien spécial, c'est conserver la liberté de se dépenser tout entière.

L'état de *vieille demoiselle* est discrédité ; on l'accuse d'être égoïste, puérile, esclave d'habitudes souvent dégénérées en manies.

On ne réfléchit pas que le point de départ de sa position a presque toujours été un grand sacrifice fait à la famille.

Les femmes mariées sont portées par leurs devoirs comme sur des rails de chemins de fer.

L'abnégation et la souffrance entrent dans leurs

vies naturellement et, à moins de dérailler, de jeter leurs devoirs par dessus bord, elles n'ont qu'à subir leur destinée avec plus ou moins de courage et à grandir avec les sacrifices journaliers.

Les demoiselles sans prétention au mariage ont une situation à part, la liberté d'elles-mêmes, le droit de se créer des occupations selon leurs goûts, s'alliant à leurs devoirs de famille.

Il faut une certaine hauteur de vue, la fermeté du caractère, pour se tracer une ligne de conduite, n'en pas dévier, et résister à toutes les influences qui veulent entraîner dans les courants contraires.

- Rappelle-toi, jeune amie, que ta situation indépendante ne devra sa valeur qu'à la facilité de te dévouer à tous d'une façon plus complète. L'opinion est exigeante pour les vieilles filles; on ne pardonne leur apparente inutilité qu'avec *l'impôt de la perfection*. Résigne-toi, Marie, à être parfaite, c'est ton état choisi.

Une demoiselle dans la pleine jeunesse et la maturité, c'est une *bonté disponible*, une sorte de richesse morale où chacun semble avoir le droit de puiser, une fontaine pure où les altérés se rafraîchissent, un frais ombrage où les fatigués se reposent.

J'ai connu plusieurs demoiselles âgées, types admirables d'abnégation, de bienveillance et de charme.

Avec les années, Marie, tu revêtiras ce caractère touchant qui réduit au silence les mauvais plaisants en attirant respect et sympathie.

L'idéal de la vieille demoiselle est d'incarner en elle la paix et le *désintéressement,* une des grandes forces de ce monde. Et qui pourrait posséder cette paix détachée, si ce n'est celle qui, indépendante des choses, des personnes et des évènements, n'a d'autre ambition que de se donner généreusement?

Bien que jeune, la Providence te fait déjà exercer les grands devoirs de la vie.

D'abord, l'oubli de ta propre douleur pour alléger celle de ton père.

L'incomparable compagne qu'il a perdue

mérite bien ses regrets, et les hommes sont peu faits pour souffrir.

Si, physiquement, leur bras peut nous soutenir, moralement, c'est sur nous qu'ils s'appuient; enfin tu remplaces ta mère pour élever frères et sœur avec une ferme sollicitude.

Fais de leur éducation ton œuvre, ou, plutôt, ton chef-d'œuvre.

Tu as un bon terrain, bien préparé, et les jeunes arbres ont de saines, d'honnêtes racines ; maintenant travaille habilement, sois un bon jardinier, élague les mauvaises herbes, les parasites, les ronces et les épines; place plusieurs tuteurs autour des jeunes pousses; accorde-leur large mesure de rosée et de soleil ; il s'agit non seulement d'entretenir la vie, mais de la développer.

Ta chère Lucie sera la vraie jeune fille, toute modeste, toute aimable ; qu'elle ait, comme sa mère, la séduction de la vertu et la grâce de la bonté !

Pour tes frères, fais-en de fiers jeunes gens ; qu'ils sentent profondément l'honneur transmis par leurs parents, l'obligation pour eux d'augmenter le patrimoine de la famille par un travail sérieux, les devoirs vaillamment remplis, le grand amour de la patrie, l'élan du sacrifice.

Vise, pour eux, au plus élevé, au plus parfait: Des chefs-d'œuvre, des chefs d'œuvre !

LE FOYER

LETTRE II

Voilà tes vacances terminées, ma jeune amie ; tu rentres dans ta chère maison, entourée de tous les tiens, et je t'en félicite.

Un des grands avantages du voyage est de faire apprécier le *chez-soi*, le doux, l'aimable, le reposant chez-soi.

Le foyer est la création de la femme, son écueil ou son chef-d'œuvre, le centre où se place son esprit, sa distinction, son imagination, et même son cœur.

A tous les degrés de la société, à tous les étages, la femme peut se donner le luxe de l'ordre, de l'harmonie, ce grand charme des yeux ; si la fortune permet d'y ajouter les élégances de l'art, l'enchantement est complet.

Je n'ai pas besoin d'ajouter que le bon goût accessible à chacun, celui qui sera chez toi, est préférable à tous les éclats.

L'âme de la femme pose son empreinte sur les objets qui l'entourent, et malheur à elle si l'empreinte porte l'image trop fidèle de tous ses défauts.

Regardons d'abord, amie, notre bien-être avec les yeux de la reconnaissance, non ce qui nous manque, mais ce que nous possédons, quoi que ce soit.

J'ai connu un pauvre misérable qui remerciait la Providence de lui laisser un grabat pour mourir, tandis que d'autres finissent sur les grands chemins.

Les grands chemins ! L'attrait irrésistible des nomades de tous pays, pauvres et riches ; ces derniers s'en vont par les belles routes et les hôtels somptueux, absorbant avec avidité tout ce que la vie peut leur offrir de bien-être, et croyant qu'ils n'ont reçu l'existence que pour satisfaire le goût du plaisir.

Voyageurs sans trêve, ils ne s'attachent à rien, n'édifient rien, abusent de tout et ne laissent après eux que le souvenir d'un monstrueux égoïsme.

Ils paraissent ignorer qu'au foyer seulement on peut organiser une vie ordonnée, laborieuse, efficace, où la femme surtout doit être la fée bienfaisante qui peut guérir les maux, réaliser les secrets désirs, les timides espérances, et fleurir la vie de mille joies.

Au foyer, l'homme est à la fois la lumière et l'ombre, la femme la demi-teinte, le trait d'union, l'harmonie de la race humaine : tu règneras au centre, jeune amie, où ta puissance sera voilée, sous peine de ne plus être, et toujours recouverte de suavité et de tendresse.

Et d'abord, il faut l'aimer cet intérieur, t'y plaire, le quitter difficilement, y revenir avec bonheur. Les murs qui nous voient travailler, souffrir, aimer, prier, s'imprègnent de poésie, de vraie, de réelle poésie, et nous deviennent sacrés ; cabane ou palais, la vertu fait un temple du lieu qu'elle habite, le temple du devoir.

Je comprends l'ennui et la langueur de tant de femmes qui n'aiment pas le foyer ; elles ne regardent dans le miroir que leur visage, et leur triste cœur ne reflète qu'une mesquine personne ; cela doit lasser vite, assurément ; cependant, elles ont reçu, comme les autres, les plus grands trésors, qu'elles ignorent ou dédaignent. Pour les découvrir, qu'elles cessent de se contempler et observent avec affection ceux qui les entourent ; toute créature souffre et implore, même en silence, le secours de la reine du foyer. La pauvre reine verra alors qu'elle aussi possède ce génie particulier du cœur sachant deviner les besoins, les épreuves de ses proches, et mieux encore, qu'elle a reçu le pouvoir de les adoucir, de les consoler.

Est-il permis de s'ennuyer lorsqu'on a si noble, si douce occupation ? Sans être égoïste comme elles, ma chère fille, tu n'apprécies pas assez ton domaine.

La Providence en confiant à la femme un foyer lui fait cadeau d'un jardin; petit ou grand, beau ou laid, c'est un jardin où il peut venir de tout : bons fruits, nourrissants légumes, et fleurs charmantes ; naturellement il les faut faire pousser par des soins infinis.

Sois contente, Marie; tes petites mains deviendront habiles pour distribuer aux tiens la fructueuse récolte : vie substantielle du corps, fruits du savoir, de l'intelligence, et fleurs non moins indispensables, une partie de nous-mêmes ayant soif de poésie, de grâce et de belle humeur.

Un de nos premiers devoirs au foyer est de rendre heureux ceux qui nous entourent : parents, amis, serviteurs ont droit à nos premières amabilités, à notre meilleur dévouement.

Lorsque nous rentrons, lassés des luttes, des fatigues, des déceptions de chaque jour, rien ne peut nous reposer davantage que les sourires heureux de ceux qui nous reçoivent.

SOLITUDE ET RECUEILLEMENT
ACTION ET AGITATION

LETTRE III

Un des devoirs les plus importants envers toi-même, Marie, est de te réserver des heures déterminées de solitude et de recueillement.

Autant l'isolement est funeste aux très jeunes filles dont il favorise les rêveries molles et dangereuses, autant la solitude est utile, *indispensable* à la femme faite, qui ambitionne comme toi de faire fructifier tous les dons reçus

Chère aimable enfant, il n'est pas défendu de rêver un peu, mais que tes rêves aient un but noble, surtout *réalisable;* en général, les rêves usent inutilement notre temps et nos forces; il ne faudrait rêver que juste le temps de préparer l'action.

Le rêve persistant est le dissolvant du courage.

Les rêveurs finissent par croire qu'ils agissent et pratiquent toutes les vertus créées par leur imagination.

Résiste à cet attrait, naturel à ton esprit poétique, repousse la charmeuse vision qui voilerait tes obligations en t'enlevant la force de les remplir.

A l'inverse des rêveuses, beaucoup de personnes croient réaliser la perfection dans le mouvement perpétuel et ne comprennent pas la nécessité de la réflexion, cette calme et pénétrante lumière qui n'éclaire que l'esprit au repos.

Un des caractères du temps, c'est *l'agitation*; il la faut combattre de toutes tes forces.

L'agitation est la plus grande ennemie de l'action, parce que c'est l'action précipitée, irréfléchie et manquée.

La première qualité d'un acte est l'attention ;

si une ferme persévérance la suit et accompagne l'exécution, l'action arrive généralement à sa perfection.

Etablis donc en toi et autour de toi un calme absolu ; l'agitation fatigue sans profit ; les agités remuent, troublent et détruisent toute action véritable.

Mais pour conserver un équilibre complet, un peu de solitude est indispensable ; réserve matin et soir une heure ou deux, pour te retremper dans le calme et faire de sages projets.

La nature l'indique : la nuit suit le jour, le sommeil le mouvement, le silence la parole.

Il y a des heures pour se répandre, des moments pour se recueillir ; on ne peut toujours se donner, se dépenser, se prodiguer en paroles et en actions. On arriverait vite à l'épuisement du corps et de l'esprit.

Il faut refaire tes forces, ma chère fille, retremper ton courage, calmer tes impressions, affermir ton jugement.

La solitude, qui exalte les esprits passionnés,

apaise les natures réfléchies. C'est un centre où la vérité se pose, pourvu que la personnalité n'y domine pas.

Cela ne peut être ainsi pour toi, bonne Marie; mais je souhaite que la raison devienne ta reine bien-aimée.

Je ne bannis pas l'imagination; elle peut être une dame d'honneur fort agréable, pourvu qu'elle reste soumise aux volontés de sa souveraine.

Que celle-ci écarte de son conseil intime l'étroit égoïsme, la puérile vanité, la froide sécheresse; ces sentiments gris et brumeux ferment 'horizon et dérobent la vue du devoir, premier ministre de la raison.

Au devoir de présenter les actes nécessaires, à la raison de les ratifier et d'y apposer le sceau de sa volonté réfléchie.

Une raison haute, nette, ferme et tendre, ne peut se former que par de longues heures de solitude, éclairée des vives lumières du cœur, et vivifiée par la méditation des grands auteurs.

Une notable partie de ces heures précieuses,

chère Marie, doit être passée en compagnie des intelligences les plus saines, les plus élevées.

Lis peu, choisis des choses excellentes, et tâche de les *absorber* pleinement.

Appelle à ton aide par ces bonnes lectures des esprits éclairés, plus affermis que le tien, qui ont traversé la vie en laissant un sillon lumineux.

Moissonne, recueille, enrichis-toi par de sérieuses, de chrétiennes, de célestes réflexions, pour rayonner à ton tour lorsque tu descendras de ton Thabor.

MAITRES ET SERVITEURS

LETTRE IV

Chère enfant, te voilà maîtresse de maison, jeune reine d'un petit royaume que tu voudrais appeler le pays du bonheur ! Rendre heureux son entourage est l'ambition d'un cœur généreux, c'est aussi l'illusion de la jeunesse ; mais pour être pleinement satisfait, il faudrait être parfaitement raisonnable, et c'est là que commencent les déceptions.

Ta dernière lettre soulève une des grandes difficultés de la vie actuelle : celle de se faire servir

Tu me parles avec effroi de la nécessité de choisir, de former de nouveaux domestiques qui te sont étrangers, à qui tu es inconnue, avec lesquels il n'y a ni traditions ni souvenirs.

Autrefois, les domestiques étaient fortement attachés à leurs maîtres par une longue chaîne de joies et de douleurs partagées ; aujourd'hui, ils sont à peine liés par un intérêt passager qui laisse leur cœur à l'écart. On vit dans la même demeure en indifférents, souvent en ennemis ; il ne peut en être ainsi dans ta maison si chrétienne.

On te dit que les exigences des serviteurs augmentent, qu'ils pensent surtout à leurs droits, fort peu à leurs devoirs ; que les temps sont à la révolte, à l'envie, à la haine du maître, et cela te trouble, pauvre enfant! Moi je t'assure que la bonté surmonte tout.

Il faut prendre bravement son époque, ses mœurs, ses coutumes telles qu'elles sont, et tirer chrétiennement parti des éléments que la Providence met entre nos mains.

Qu'il soit présentement difficile de se faire obéir, cela est probable, mais il n'est pas commode non plus, pour celui qui sert, d'abdiquer à toute heure sa personnalité, de sacrifier ses goûts, ses besoins aux volontés d'autrui, qui ne sont pas toujours des plus raisonnables.

Tu te rappelles avec émotion les serviteurs de ta grand'mère, leur simplicité, leur obéissance. Pétris de soumission, d'humilité, tout respect et tout dévouement, ils étaient, sans doute, faciles à conduire.

Aujourd'hui, la crainte du maître, l'anéantissement de la volonté devant son regard, tout cela n'existe plus, ne reviendra plus.

L'autorité est morte, dit-on, il n'y a plus de respect ; vraiment, il me semble que le respect s'accorde toujours à qui le mérite ; seulement il ne se donne plus les yeux fermés ; on observe, on discute ; la personne, si infime qu'elle soit, ne s'efface pas devant le maître parce qu'il est le maître ; l'auréole de l'infaillibilité est tombée, reléguée dans les archives du moyen âge. Mais, est-il si regrettable, pour exercer une véritable autorité, d'être obligé de posséder une supériorité morale qui soutienne celle du rang ? Dois-je t'avouer que je n'aime pas l'usage du commandement absolu ; il est bon que nous sentions des limites posées au caprice et à l'égoïsme.

Le progrès impose aux maîtres la justice, la politesse, la tolérance, sous peine d'être promptement quittés par ceux qui les servent.

Si le domestique a moins d'abnégation qu'autrefois, le maître est tenu à plus d'équité, et pour maintenir l'équilibre, il faut que les qualités des *gouvernants* croissent à mesure que celles des *gouvernés* diminuent. Que dis-je ? il faut plus que des qualités, il faut des vertus. Le prestige de la naissance n'est plus, la fortune n'excite que la jalousie, l'instruction elle-même, si vulgarisée, n'a qu'une valeur relative. Que reste-t-il pour obtenir le respect ? Les biens d'un ordre supérieur, la royauté des vertus, seule domination de tous les temps, de tous les caractères, de tous les obstacles. La raison, la bonté, la droiture, voilà aujourd'hui les vrais moyens de gouvernement domestique ; (les politiques en ont d'autres, mais heureusement, les femmes n'ont pas encore à s'en mêler). Pour le foyer, les vertus suffisent et règneront toujours, je te le promets; il y a trop de faiblesse dans la nature humaine pour ne pas se ranger d'instinct sous le sceptre de ceux qui savent se gouverner et exercer, comme dit Guizot, « l'*autorité*, cette grande et sainte chose, devant laquelle l'esprit s'incline sans que le cœur s'abaisse. »

Beaucoup de gens pensent qu'être maître, c'est faire exécuter ses volontés, sans régler ni son temps, ni ses actes; puis commander avec arrogance, blâmer durement les moindres fautes des inférieurs, en un mot, se contenter pour toute royauté de l'exercice de la tyrannie.

Chère enfant, lève les yeux vers une région plus pure, la région où règne la justice, et vois d'abord qu'entre maître et serviteur, il y a un *duel inégal* qui impose la générosité au plus fort. Le maître a le droit, le devoir aussi de combattre les défauts des domestiques, de blesser parfois, par des réprimandes méritées, sans qu'il soit permis au serviteur d'user des mêmes armes. Ta bonté te dira que si la main droite est forcée de faire d'inévitables blessures, la gauche est tenue d'y mettre un charitable baume.

Ta vraie piété te préservera de l'ivresse du pouvoir que tu exerceras avec toute la suavité possible, avec fermeté cependant, une fermeté douce et tranquille : une main de fer gantée de velours.

Mon amie, je te demande de méditer sérieusement sur les devoirs de maîtresse, ou plutôt de *mère* de la maison.

Les plus grandes âmes qui soient au monde, les âmes des saints, se sentaient trembler et presque défaillir quand le poids du commandement leur était imposé ; elles voyaient clairement la bataille qu'elles allaient engager et la terrible responsabilité qui s'ensuivrait.

Notre belle langue française appelle tous les grands emplois des *charges*, afin que nous sentions la chaîne du devoir avant l'enivrement de l'honneur. Même au foyer, cet humble domaine, commander, gouverner, régner, c'est être plus instruit, plus prévoyant et meilleur que ceux qu'on gouverne. Pardonne ces redites, mon enfant, je te voudrais obéie et heureuse.

Tu devras patiemment former les jeunes filles, après étude de leur caractère ; il en est de simples et droits, qu'on déchiffre facilement ; d'autres plus emmêlés qui sont comme les écheveaux : pour les dévider sans faire de nœuds et sans casser le fil, il faut saisir le bon bout.

Active les natures lentes et molles, leur rappelant le passage si rapide des heures ; modère les allures brusques et trop vives des autres en leur disant qu'il faut, avant tout, bien faire.

Tâche, mon amie, d'obtenir la précision des mouvements ; quelque pressé qu'on soit, jamais d'agitation.

Sois vigilante, tâche de tout voir, de tout prévoir, mais garde-toi de tout dire. Laisse en réserve tes observations pour les faire en temps e lieu. Rappelle-toi que la sobriété des critiques avec la justesse en fait la force.

Cherche sans minutie à perfectionner tout

ce qui se fait dans ta maison ; tiens tes domestiques en haleine, laissant habilement voir les progrès qui restent à faire.

C'est ici, chère enfant, qu'il faut bénir la mère qui t'a si bien appris à te servir de tes mains ; une maîtresse de maison devrait s'honorer de savoir faire tous les travaux de femmes mieux que ses servantes ; il y a tant de jeunes femmes maladroites, inférieures à la moindre bonne, et par cela même condamnées à une certaine dépendance qui n'est plus dans l'ordre.

La véritable adresse vient de l'intelligence, tu l'auras, chère petite fée, et ton exemple pourra à la fois soutenir et confirmer ta parole.

Je n'ai pas besoin de t'indiquer quels soins tu dois avoir de la réputation, de la santé et de tous les intérêts de tes serviteurs. La santé est souvent leur seule fortune, tout leur avenir, tu dois y veiller de près, mais sans mollesse, sans même qu'ils s'en aperçoivent.

Mais comment, me diras-tu, faire accepter le titre de servante à qui est grisé des principes de fausse égalité ? Mon enfant, en éclairant la conscience avec les grandes clartés de l'Evangile qui mettent les choses dans leur vrai jour.

Choisis tes serviteurs d'une race honnête, prends-les assez jeunes pour y poser fortement ton empreinte, et commence par leur enlever toute pensée d'humiliation, d'amertume, en leur donnant des idées exactes et chrétiennes.

Adresse-toi à leur sens religieux, et leur entendement s'ouvrira ; dis-leur que Notre-Seigneur est venu pour nous donner l'exemple de la sublime obéissance à son *Père*, l'obéissance jusqu'à la mort, puis pour apprendre au monde à *servir* ; il a été le serviteur de tous nos besoins, de toutes nos misères, afin de nous enseigner que notre plus grand honneur est d'assister, de soulager, de servir nos frères, comme notre plus grand mérite se trouve dans l'obéissance à Dieu et aux supérieurs qu'il nous donne.

Regardons aussi le seul portrait que Notre-Seigneur ait tracé de lui-même en une ligne : « Apprenez de moi que je suis doux et humble de cœur .» Quel ravissant modèle, et comment peut-il rester une seule pensée d'orgueil en contemplant une si adorable figure ?

Dis encore à tes domestiques que les grands ordres religieux, perfection et splendeur de la vie chrétienne, ne cherchent, n'aspirent qu'à être les heureux serviteurs de toutes les souffrances de la terre.

Lorsque ces idées générales auront enlevé l'humiliation du service, ce sera à ton bon cœur d'ôter l'amertume que sèment les idées d'envie, d'ambition, d'orgueil déplacé. Il faut prouver à tes serviteurs que tu es prête à les servir moralement, comme ils te servent matériellement ; qu'ils sentent en toi leur appui, leur conseil, leur avocat ; qu'ils voient dans tes actes la douce autorité de la mère, afin qu'ils croient faire partie de la famille.

Sois donc une aimable souveraine, chère enfant. L'intérêt prête une obéissance extérieure et passagère, le respect attire la soumission de la volonté, mais la bonté seule appelle celle du cœur et cet élan dans le service qu'on nomme le dévouement. J'espère que tu sauras faire naître autour de toi, chère Marie, cette chose incomparable, qui ne se vend pas et qui est sans prix. Tu commenceras par te dévouer, tu sèmeras la divine semence et tu la verras, je l'espère, fleurir en reconnaissance.

L'ART DU MÉNAGE

LETTRE V

L'art du ménage, ma chère enfant, est pour une femme le premier des arts, l'art féminin par excellence, dont aucun autre ne peut dispenser; tu ne saurais y attacher trop d'importance.

L'art du ménage assure la santé, le bien-être, le contentement de notre entourage, la paix, l'harmonie, la dignité extérieure, enfin un monde entier, y compris la poésie. La poésie n'est ni dans le vague, ni dans le bleu, elle existe dans la plupart des réalités, si on sait l'y trouver.

La femme est le bon génie du foyer; à elle les doux soins, les prévoyances infinies, le gouvernement de ce royaume intime où les hommes se reposent de toutes leurs fatigues.

Si la maison est mal organisée, si l'ordre, la bonne entente, les idées nettes et justes n'y sont pas respectées, l'homme s'enfuit et tous, grands et petits, restent dans le malaise et l'irritation.

La vraie femme est reposante pour ceux qui l'approchent, et les choses qui l'entourent, imprégnées d'une partie d'elle-même, doivent reposer aussi. Les meubles seront hospitaliers, une heureuse distribution de la lumière et de l'air réjouira les yeux, la chaleur, égale et modérée, ranimera sans étouffer; enfin, tout sera réparateur, doux et aimable.

« Là où je vois de l'ordre, je suppose de la vertu », disait Mme de Genlis; l'ordre, en effet, implique la vertu et même plusieurs vertus : le courage, la patience, la persévérance.

Tu sauras, amie, prendre de la peine, faire effort et sacrifier souvent tes goûts au bien général. La vigilance et l'abnégation seront les deux gardiennes de ta maison.

Chaque foyer est un petit univers, où, comme dans le firmament, toute chose doit être à sa place et ne pas empiéter sur sa voisine. Qu'une belle et sage ordonnance y règne aussi. Et pas d'inutilité; en ménage comme en art, tout ce qui est inutile est nuisible.

Achète avec discernement et donne les objets hors d'usage, dont les moins heureux peuvent tirer parti. Les maisons encombrées font les gens agités qui cherchent dans le trouble ce qu'ils ne peuvent trouver. L'ordre extérieur amène la paix de l'esprit et la sérénité du caractère.

Certaines femmes ont la minutie, qui est la myopie de l'ordre; ranger est précieux, ne pas déranger plus encore et arranger, c'est-à-dire organiser la perfection de l'ordre.

Quelle douceur de penser que tu es l'oiseau prévoyant qui ouate pour l'hiver le nid de la famille, la fourmi laborieuse qui approvisionne, l'ingénieuse abeille qui rapporte au logis le suc et les parfums des fleurs, pour offrir aux petits ces gâteries de la Providence qui sont la récréation salutaire du travail ! Le Bon Dieu nous devait du pain, disait une femme d'esprit, mais il ne nous devait pas des fraises. Fais goûter le bon pain avec appétit et les fraises avec reconnaissance.

Alimente tes enfants largement, simplement. Donne-leur l'appétence des choses naturelles, bienfaisantes à la santé, et ne supporte aucune grimace. Pour devenir sain et fort, il faut dompter les caprices du goût comme les autres. Les enfants élevés dans la simplicité finissent par l'aimer, comme l'aliment journalier apprécié par la faim.

L'ordre devrait être placé au nombre des vertus cardinales; il renferme une telle quiétude, une telle concorde, qu'on ne saurait acheter trop cher un pareil bienfait. Pour le couronner, amie, cache tes efforts, tes fatigues et tes peines; n'aie jamais *l'air affairé*, cet air-là coupe la joie des autres et arrête l'expansion.

Tu es matinale, jeune amie, ton lever sera le coup de cloche de toute la maison; c'est le matin que se déterminent le plan de la journée, l'heure des repas, la distribution du travail de tes serviteurs ; donne tes ordres d'une manière nette ; jamais d'hésitation ni d'équivoque ; la réflexion doit suffisamment préparer le commandement pour qu'il soit raisonnable et indiscuté. Si un domestique présente une objection, elle doit être faite en deux mots, adoptée ou rejetée à l'instant ; ne permets ni débats, ni discussion, le respect s'y amoindrit.

Tâche de relever aussi les forces et les courages par quelques mots gais et aimables qui puissent compenser beaucoup de fatigue et bien des ennuis !

Lorsque le travail du ménage est commencé à heure fixe, il se fait sans humeur ni précipitation, avec soin, avec calme.

Imprime une impulsion active, ordonnée, et tous marcheront avec plaisir en te laissant le loisir ensuite d'être aimable et distrayante selon les besoins des tiens, sans jamais les entretenir des ennuis domestiques.

Pour conclure, Marie, tu auras aussi une sage administration, un bugdet bien équilibré, mettant toujours de côté une somme pour les imprévus et les accidents. Cela fait, sois un peu large pour les travailleurs que tu emploies. Après avoir vérifié la note et le travail, n'aie pas de ténacité, il ne faut rester attachée ni à ses idées, ni à son argent; cède volontiers; quelques pièces blanches données en plus ne te ruineront pas et rendront l'ouvrier content.

Hélas! nous n'emportons rien de nos trésors, et en attendant le dépouillement final, détachons-nous, allégeons-nous, cela nous fera pousser des ailes pour le *grand départ.*

L'Histoire sainte qui nous donne un si admirable portrait de la Femme forte, en fait d'abord une parfaite ménagère, et ses humbles devoirs deviennent le symbole des plus hautes vertus.

SUR LA TOILETTE

LETTRE VI

Parlons, chère Marie, du sujet le plus féminin, celui de la toilette, synonyme pour la plupart de frivolité, mais, pour la femme chrétienne, de dignité et de convenance.

Médite attentivement, petite amie, cette phrase de saint François de Sales : « Je voudrais que mes dévots et dévotes fussent les mieux habillés de la compagnie, mais les moins pompeux et affectés. »

Arrière donc, chère enfant, la négligence et le mauvais goût. *Les mieux habillés*, dit l'aimable saint, c'est-à-dire avec le plus de soin, de goût et de distinction.

N'imite pas ces dévotes moroses qui adoptent les vêtements les plus laids, les plus disgracieux, les plus démodés.

N'imite pas davantage les esclaves insensées de la mode, lesquelles, le plus souvent, pour être au goût du jour, se ridiculisent, se défigurent et détruisent à la fois leur santé et leur fortune.

La mode doit être une sujette bien apprise, se pliant à la position sociale de chacun et soumettant ses talents aux lois d'une convention éclairée.

La dignité extérieure est l'emblême de la dignité de l'âme et la première doit répondre de la seconde. Il ne faut se permettre aucune négligence. Une propreté minutieuse doit être la base de la toilette.

Que le teint soit net, la coiffure modeste et cependant gracieusement arrangée à l'air du visage.

Pour les vêtements, il les faut assortis à la personne, à l'âge, au milieu mondain où l'on vit ; de cette harmonie naîtra le parfait contentement du regard. Ne te montre jamais moitié habillée et dans ces négligés qui méritent trop leur nom.

Jusqu'à la dernière heure, il faut tâcher d'être le

moins laid qu'on peut, au physique et au moral.

En dehors de toute espèce de coquetterie, de faste, de parade, la femme est faite pour *charmer*; c'est un de ses plus stricts devoirs; charmer les yeux, l'esprit et le cœur, charmer à tout âge.

Ceci est dans l'ordre providentiel et au pouvoir de toutes les femmes, belles ou laides, vieilles ou jeunes.

Il est un charme supérieur, dégagé des sens, né de la grâce, de la bonté, de l'âme enfin, qui survit à la jeunesse et à toutes les séductions de la beauté.

Certaines femmes privilégiées le conservent jusqu'à la mort, mais elles s'enveloppent de modestie, de douceur, de distinction, ces délicieux voiles si seyants et si démodés aujourd'hui.

Toutes pourraient posséder ce charme si elles le voulaient et ne tournaient leurs yeux désolés vers un printemps qui ne peut revenir.

Que de pauvres créatures inconsolables de vieillir, tâchent de simuler la jeunesse par des artifices ridicules et perdent ainsi l'attrait qui leur reste!

La femme sachant être de son âge, et se placer dans un cadre assorti à ses cheveux blancs, a toujours une grâce touchante.

La nature, si on ne la renverse pas, suit son cours harmonieux ; il est une beauté pour chaque âge comme pour chaque saison.

Qu'on imagine les jeunes et tendres verdures d'avril au milieu des riches et sévères teintes de l'automne, on aura de fausses consonnances ; c'est la femme âgée qui veut se parer d'atours printaniers.

Cependant, la meilleure partie d'elle-même, *l'âme immortelle*, à laquelle la femme coquette pense si peu, demande à être embellie chaque jour, et ce doux travail lui rapporterait joie et profit.

En général, la Parisienne, surtout pour la rue, a le goût et l'usage des couleurs sombres.

Malgré ta jeunesse, Marie, puisque tu as la situation de maîtresse de maison et de mère de famille, je te conseille le sérieux dans la toilette ; tu peux racheter cette sévérité par la coupe élégante et distinguée de tes vêtements.

La tenue de la femme honnête ne doit pas attirer les regards comme une cocarde, mais tracer autour d'elle un cercle de respect infranchissable.

PHYSIONOMIE DE LA BONTÉ

LETTRE VII

Chère enfant tu commences ta vie de bienfaisance et dès les premiers pas, tu es déçue, découragée ; mais ta jeune expérience pensait-elle donc naviguer sur un doux bateau ? Les vanités de ce monde coûtent tant de peines, pourquoi n'en prendrait-on pas un peu pour la céleste charité ?

On s'efforce de gravir les échelons des dignités sociales, on s'épuise pour acquérir fortune et renommée. Difficilement, rarement, on les atteint, et au moment d'en jouir, la fatigue, la maladie, la mort, nous privent le plus souvent du fruit de tant de labeurs. Pourquoi donc, sans proscrire les ambitions légitimes, ne pas mettre en première ligne l'ambition de faire le bien ?

Le bien sous toutes formes : le bien en paroles, en action, avec force, avec constance ; le bien intelligent, surtout désintéressé ; je ne conçois pas la banalité des plaintes sur l'ingratitude.

Le bienfait semé, dit-on, est de la graine d'ingratitude : qu'importe ? Dieu paie les dettes des ingrats à de si gros intérêts que tout est profit pour l'avenir lorsque nous ne recevons pas de récompense visible ; mais seulement dès cette vie, quelle joie fortifiante pour une femme d'être bonne, d'être messagère de la Providence, ministre de ses bienfaits ; d'être un esprit d'apaisement, de consolation !

Le foyer divin qui est en nous doit sans cesse laisser échapper vie, chaleur et lumière.

L'aumône de l'argent est la moindre des aumônes, elle est insuffisante et forcément limitée. Pour relever de la misère, il faut un peu d'argent sans doute, mais beaucoup de patience, de raison, de courage.

L'aumône de la compassion, du bon conseil, l'aumône de la sainte bonté, voilà la véritable charité ; en un mot, le don de l'argent est la forme humaine de la bienfaisance et le don de soi en est la forme divine, celle que Notre-Seigneur a pratiquée sur la terre.

Le monde ne comprend que les aumônes visibles et matérielles ; il ne les favorise que parce qu'il lui semble excuser ainsi ses luxes insensés et assurer la sécurité de son bien-être ; sa philanthropie est donc encore une face de son égoïsme. Tu en es attristée, amie, et ne fais que l'entrevoir. L'égoïsme est le fleuve du cœur humain suivant son cours naturel, mais l'élément divin lui fait remonter le courant avec les rames fortifiantes du dévouement.

Les aveugles, privés de la lumière de l'amour, disent « : A quoi bon souffrir des peines d'autrui, n'est-ce pas assez d'un malheureux sans qu'un autre le devienne par sensiblerie; guérit-on, soulage-t-on par ce moyen ? » Ah ! pour le demander, il faut n'avoir jamais essayé d'appliquer le remède d'une puissante bonté ! Si une vraie compassion enveloppe notre frère en détresse, nous sentirons sa souffrance s'adoucir et comme se fondre en notre pitié.

Chez les saints, la force de leur charité opère des miracles ; chez tous les chrétiens, elle est la source d'immenses bienfaits, Dieu aime tant à exercer sa bonté par ses créatures ! Et pourquoi rester si avare des dons de notre cœur, lorsque nous les savons multipliés par la générosité ; pourquoi écouter la voix de l'intérêt personnel qui nous enferme dans un cercle si étroit ? La partie la plus douloureuse de la douleur, c'est l'amertume qu'y mêle notre pauvre nature, la révolte contre la souffrance, l'isolement en ce triste état et l'impuissance de soulever seul un poids accablant. L'être béni dont le cœur nous aide à porter notre croix est donc reçu comme un divin messager.

Toute la terre pleure ; chacun, à son heure, est frappé et sent l'angoisse dans son corps, dans son cœur et dans son âme ! Au jardin des Oliviers, les anges sont venus assister notre Sauveur, touchante image que nous devons imiter. Continuons ce ministère sacré, penchons-nous avec avec amour vers la douleur, et la douleur s'apaisera, deviendra une douce, une humble acceptation de l'épreuve.

Laisse donc parler ta bonté, chère fille, et agir ton dévouement ; la puissance de consoler, grande et féconde entre toutes, t'appartiendra si tu le veux. Que ton foyer soit le refuge de ceux qui souffrent ! Reste bonne, malgré les mécomptes, malgré les blessures, ou plutôt sois *la Bonté*, cette beauté souveraine de l'âme qui laisse un reflet céleste sur le visage.

INQUIÉTUDE, PRIÈRE, SÉRÉNITÉ

LETTRE VIII

Ta chère Lucie est malade, et te voilà anxieuse, abattue, désolée.

Reste calme, amie, la maladie est le champ de bataille des femmes, elles doivent s'y montrer paisibles, intrépides, confiantes en la victoire.

On souffre là où l'on aime et le cœur est avec le trésor. Ton trésor à toi est cette jeune enfant à la fois ta fille, ta sœur et ton amie. Cette pure affection, qui t'a prise tout entière, satisfait la nature et la sympathie.

Je ne puis blâmer ta vive et ardente sensibilité;

bien réglée, elle est un principe de vie et de générosité.

On parle beaucoup de l'aveuglement du cœur ; oui, quand il regarde en bas, et tire sa vie des sucs terrestres, mais lorsque les belles affections sont éclairées d'un rayon surnaturel, le cœur devient singulièrement intelligent et lumineux, pour ceux qu'il aime.

J'ai donc pleine confiance dans les inspirations du tien pour soigner et guérir ta Lucie.

Dieu a fait nos joies passagères et nos bonheurs fragiles, pour nous marquer qu'il nous assiste et nous console en *voyageurs*.

Il veut aussi nos prières, c'est le Maître, c'est le Père dont l'amour aime à exaucer ses enfants.

Cette persuasion met dans notre vie gravité et recueillement. Rien ne nous appartient, ni vie, ni santé, ni joies ; il faut à toute heure être prêtes à rendre ces biens en servantes fidèles, en créatures soumises, en vraies filles assurées de leur céleste héritage.

Quelle puissante circulation de la sève divine

Dieu sème amour et bienfait, nous lui rendons reconnaissance et amour.

Pour obtenir le vœu du cœur, il faut la foi, il faut aussi la sérénité. Tu es mécontente de toi, chère fille, et moi aussi. Comment peux-tu te laisser aller à de pareilles agitations et impatiences, toi au fond si raisonnable, c'est à ne pas croire !

Cette maladie, il est vrai, te fatigue et t'énerve, mais te rend trop sévère pour tes frères, ce qui n'est pas juste. Te fâches-tu contre les éléments et les tempêtes ? Tu conviendras que c'est aussi gênant que les bourrasques des caractères. Donne à tes enfants, grands et petits, l'exemple d'une belle sérénité qui ne se laisse entamer par aucune contrariété.

Tu t'étonnes et t'irrites des difficultés de chaque jour, de chaque heure, c'est le paquet d'épines trouvé à la porte de l'Eden.

Une amie très philosophe me disait : Lorsque la rivière charrie des flots troublés, je monte sur le pont et la regarde passer, de même que la malveillance des hommes et la malice des choses. Monte donc sur le pont de la paix, chère Marie, et laisse passer tous ces tourbillons, tu ne recevras pas même la plus légère éclaboussure. Tout cela est si peu durable, si peu important! Comment te laisser impressionner ainsi par l'agitation des tiens, agitation de nerfs et de surface? Ils sont injustes et absurdes, me dis-tu, j'en conviens; mais est-ce une raison pour les imiter? Fustige la sensibilité et ne lui laisse pas la parole.

Tu mériteras par ta patience la guérison de Lucie autant que par tes suppliques; du reste, soi assurée que l'invocation est toujours écoutée, sinon exaucée.

Les prières, si faibles qu'elles soient, ont leur valeur comme la voix isolée dans un scrutin qui fait triompher la bonne cause. Nos âmes, que la prière élève comme les mains de Moïse, se présentent en suppliantes, pour garantir nos chères affections.

Il faut avoir comme toi au cœur une réelle tendresse, sentir en péril l'être aimé, pour comprendre l'efficacité, la toute-puissance de la prière.

AMOUR FILIAL

LETTRE IX

Marie, mon enfant, ma douce fille, ne laisse pas s'affaiblir en toi la tendresse filiale ; veille à ce que cette flamme sacrée ne s'obscurcisse pas. Née dans notre cœur avec lui, elle ne doit s'éteindre qu'avec ses derniers battements.

Que l'esprit moderne ne t'entraîne pas à la triste habitude du sans-gêne et du sans-respect. C'est une dignité personnelle que de respecter ses supérieurs et quand ce respect vient du cœur, il nous honore presque autant que nos chers vénérés.

Tu es trop choquée par l'effronterie des enfants

et des jeunes gens envers leurs parents pour que je t'en fasse le sombre tableau.

La jeunesse actuelle se croit la science infuse, la raison impeccable et tous les droits tyranniques que la coupable faiblesse des parents leur a laissé prendre. Certes, ces tristes procédés te resteront étrangers, chère petite amie, mais réfléchis bien à ceci : nous sommes tous tentés d'abuser d'une indulgence sans bornes, d'une affection sans limites, d'un dévouement que rien ne lasse, et ce sont les éléments de l'amour des pères et des mères.

Tu me parles avec l'indignation d'une trop jeune expérience des faiblesses de ton pauvre père ; sache bien que c'est chose fort ordinaire et n'entame pas, à ce qu'il paraît, l'honneur masculin. Ton père reste honnête homme et très bon.

Tu es anxieuse aussi des écarts d'imagination et de jugement qui pourraient compromettre la fortune de tes frères ; pour ceci, il faut veiller avec prudence et fermeté ; mais, ce que tu ne peux donner en confiance aveugle, rends-le en tendresse infinie.

Place ton cœur au dessus de toutes ces luttes pour qu'il soit le gardien fidèle de la sainte affection.

Tes découvertes t'ont laissée éperdue. Ah! chère enfant, cela n'est pas terrible, ta fraîche sensibilité exagère. Les blâmes adressés à ton pauvre père t'ont désarçonnée ; reviens à toi, ressaisis-toi et pense que s'il est défendu en général de condamner ses frères, combien plus devons-nous nous abstenir de juger nos parents ? Nous sommes leurs avocats d'office, tenus de voiler au public leurs défaillances et de mettre en lumière leurs bons côtés.

La paternité ne confère pas, hélas! la perfection, mais elle est un droit, une souveraineté, un titre sacré dont rien ne peut dépouiller. Un père, fût-il le plus grand criminel, doit pouvoir compter sur le dévouement de ses enfants.

Tu es femme, et ta filiale affection peut revêtir dès aujourd'hui un caractère maternel dans son côté le plus élevé, le plus désintéressé.

La mère aime son enfant avant de le voir, elle sent palpiter une partie d'elle-même, qu'elle alimente chaque jour de sa propre vie. Plus tard, l'enfant répond à son rêve, à son regard, à son sourire, c'est l'enchantement de la nature. L'attrait, la beauté, le charme du tout petit sont souverains pour la mère; elle est toute prise par les frêles menottes; c'est l'instinct providentiel et sublime qui donne l'élan du dévouement absolu.

Pour les enfants, tout est renversé; leur jeunesse se passe à absorber inconsciemment les tendresses des pères et mères, à peu près comme l'air qu'on respire sans songer à la reconnaissance.

Plus tard, lorsque les parents déclinent et sont courbés par l'âge, la maladie, l'épreuve, les enfants sentent vaguement le devoir de rendre un peu de dévouement à qui leur en a tant donné! Dans quelle étroite mesure le font-ils? Hélas!

le bon Dieu le sait et leurs bons anges en pleurent.

Les Antigones sont rares et cependant, rien de plus touchant que cette affection qui remonte pour entourer le vieillard de tendre protection.

L'attrait n'est plus celui de l'enfance, cette jolie fleur humaine ; mais l'amour prend alors un caractère auguste d'une beauté saisissante.

Les anciens l'avaient bien compris dans leur sentiment de profonde poésie, en créant des types d'amour filial dont le temps ne peut effacer la vraie noblesse et l'idéale beauté.

Aujourd'hui on méconnait le prix de la vie, on la dénigre, on la calomnie, bien qu'on y tienne furieusement; mais cela dispense de la reconnaissance envers les pères et mères, et aussi envers le Père Céleste. On est ingrat pour lui et ceux qui le représentent.

L'ingratitude, qui nous vient des autres, nous attriste comme toute laideur, mais nous en sommes assez vite consolés par la pensée de notre générosité ; il n'est pas absolument déplaisant d'être... le meilleur ; mais nos ingratitudes personnelles nous sont amères et d'une amertume sans pareille lorsque les chers sacrifiés sont nos parents et n'existent plus !

Quand on voit, trop tard, qu'ils n'ont pas eu la mesure de dévouement à laquelle ils avaient droit, les cœurs délicats sont inconsolables, et il faut de surnaturels motifs pour apaiser leurs regrets.

Je voudrais pour l'avenir t'éviter ces tristesses, chère Marie ; donne donc pleine mesure d'affection à ton pauvre père, n'oublie pas qu'il doit partir le premier ; penses-y chaque jour pour rester vraiment fille et te préparer, en cas de malheur, la suprême consolation.

Heureux les fronts dépouillés sur lesquels se pose une couronne de respect et de dévouement !

Plus heureuses encore les jeunes mains qui pieusement tressent les dernières fleurs qui doivent couronner les dernières journées !

Quel que soit l'instant où les liens de la famille seront brisés par la mort, le souvenir des consolations données à nos parent, restera le plus noble, le meilleur et le plus fortifiant de notre existence.

RECONNAISSANCE

LETTRE X

Ce n'est pas toi, amie chérie, si bonne et si tendre, qui manquerais jamais à cette belle vertu ; mais les enfants sont naturellement ingrats, peu enclins à regarder d'où leur vient le bienfait et à baiser la main qui le leur distribue.

Habitue les tiens à l'aimable merci et tourne leurs yeux vers le donateur comme le dixième lépreux, qui, après le premier élan vers une vie nouvelle, est retourné vers le Divin Bienfaiteur.

La douce action de grâces, qui devrait entrer dans les battements de notre cœur, est écartée comme une intruse, une pédante, qui vient nous rappeler nos devoirs et humilier notre précieux orgueil, en laissant voir que nous ne tirons pas tous nos avantages de notre propre excellence.

Certaines personnes dénigrent tout ce qu'elles reçoivent pour s'enlever le devoir de la reconnaissance, elles abaissent le don jusqu'au niveau de leur ingratitude ; cette disposition n'atttire ni la rosée terrestre, ni la manne céleste.

Le cœur humain est un chaud foyer d'où sort invinciblement l'affection, le dévouement, par un courant naturel, ou en flammes inégales, n'importe.

Le criminel a besoin d'aimer comme les autres, et, si méchant qu'il soit, il aura une préférence pour une créature quelconque, avec un certain dévouement. La source de la bonté coule donc irrésistiblement, soit en gouttelettes sorties d'une source pauvre, soit à flots pressés et intarissables comme chez les saints. Mais la source de la reconnaissance n'existe pas chez l'homme ; les natures ’élite, seules et par exception, éprouvent ce doux sentiment, non seulement pour les bienfaits acquis, mais encore pour les essais secourables. Au ciel seulement, on tiendra compte des bonnes intentions. Le monde égoïste et cruel n'estime que les épis gonflés et les grappes mûres. Cependant on devrait deux effusions de reconnaissance à celui qui a essayé en vain de nous être utile. On est déjà payé lorsqu'on jouit de la floraison des plantes semées pour autrui, mais la justice de notre cœur peut consoler celui qui voulait nous offrir la belle fleur de la joie et n'a pu réussir.

Prends les cœurs de tes enfants avec le tien, pour envoyer au Ciel de grands mercis. Qui est reconnaissant envers Dieu, le sera pour toutes les bonnes créatures qui nous veulent du bien.

IMPRESSIONNABILITÉ
TIMIDITÉ

LETTRE XI

J'ai vraiment besoin de te gronder, petite amie, et presque envie de te punir. Comment peux-tu te laisser atteindre à ce point par le blâme de tes cousines?

Crois-moi, commence au début de la vie par renoncer à l'espoir de contenter tout le monde, notre cher La Fontaine nous l'a conseillé depuis longtemps. Tu fais tout pour le bien, pour le mieux, me dis-tu, mais crois-tu que cela suffise pour être approuvée? La sotte critique est comme la poussière, elle pénètre partout, même à travers les portes closes.

Tu la fais enlever chaque matin par le balai, de même, chasse de ton esprit les troublantes impressions ; voyons, un peu de fermeté, un courant d'air pur dans ton cerveau, et il retrouvera sa belle sérénité.

Tu es obligée de recevoir tes parents, et nous aurions peu de relations si nous les voulions sans défauts ; ouvre-leur donc ton salon, fais-leur place à votre table, mais ferme ton âme à ces agités. Pourquoi leur permettrais-tu de mettre le désordre dans ta pensée, ta volonté et ta vie ?

Et maintenant, faut-il t'avouer, ma chérie, que ta vieille prêcheuse est encore plus faible, plus impressionable que toi ? La *sensitivité* a été ma grande maladie, une *affliction* chronique, comme dit le peuple. Je suis une pauvre lyre que tous les vents terrestres peuvent faire vibrer et trembler.

Ce que les impressions m'ont fait perdre de temps, de forces et de lumières est incalculable ! C'est pourquoi je voudrais fortifier ta sensibilité, l'envelopper d'une gaie et vaillante philosophie, pour qu'elle soit moins atteinte, et afin que tu puisses enlever les flèches avant qu'elles pénètrent.

Jusqu'à présent tu as vécu protégée par ta mère, vivant dans son ombre et toute heureuse de ce voile bienfaisant ; maintenant, ma jeune reine, tu gouvernes seule et dois apprendre que la couronne humaine est faite d'épines ; parfois, les roses fleurissent au dessus pour l'illusion du public, mais la base reste toujours douloureuse à celle qui la porte.

Tu as toutes les responsabilités, c'est sur toi que vont retomber les difficultés et déceptions.

Ouvre ton parapluie, tu recevras chaque jour de lamentables ondées, la grêle et pis que cela.

La contradiction sera ton pain quotidien, un pain bis très amer, mais fortifiant.

Tu es à découvert, c'est la lutte, la bataille, mais je te sais bien armée.

Réponds aux blâmes très gaiement, avec esprit et courage, ils tomberont d'eux-mêmes si les malveillants s'aperçoivent que leurs coups ne portent pas. Le meilleur de l'affaire est la grande mobilité des jugements ; ils seront de ton côté demain, console-toi !

La timidité est fille de la sensibilité ; elle naît des impressions qui nous effraient ou nous blessent, et devient vite la paralysie de l'action.]

Mon amie, tu as vingt-six ans, la grande majorité, qu'attends-tu pour avoir de la décision ?

Je sais que tu es une mélancolique, tu n'as pas la bonne chance d'être méridionale, d'avoir « volé dans sa brouette un grand rayon de soleil ».

Ta volonté, bien que ferme, ne possède pas ce vif élan, cette belle confiance qui appelle le succès et le fait atteindre ; surtout, tu n'abrites pas cette charmante fée, venue des portes de l'Orient, qui dore l'imagination des gens du Midi, la peuple d'illusions naïves, de visions enchantées, et font de ces heureux autant de petits astres attirants, réchauffants.

Presque tous nos grands artistes modernes nous viennent du Midi, et leurs riches facultés rayonnent en belles œuvres.

Malgré ta nature embrumée, ne te décourage

pas ; ton esprit, un peu lent, est remarquable à la réflexion, tu as un jugement sûr, et la poésie chante en toi, une poésie voilée et charmeuse.

Prends donc confiance, et lance ta barque ; n'es-tu pas chargée de donner le mouvement à tous les tiens ?

Tes frères ont besoin de hardiesse. Qu'est-ce qu'un homme indécis et timide ?

Cache ta timidité à tous les yeux, même aux tiens, persuade-toi que tu es résolue. Tu as le cœur vaillant, mais tu ne peux commencer la lutte et te placer en avant te semble impossible.

Je te pénètre d'autant mieux, mon enfant, que la même infirmité a entravé toute ma vie ; je viens de te le dire mais chez moi, c'est incurable, je ne puis que déplorer tant de choses manquées, de bonnes pensées qui n'ont jamais osé prendre l'air, de bons désirs épeurés, évanouis avant l'action, et combien d'actes avortés, faute de s'entourer d'éléments de succès ? N'imite pas ta vieille amie, garde ton humilité pour le bon Dieu et tâche avec tes semblables d'avoir une modeste fierté, consciente de sa force et décidée à la faire respecter.

Ton cher Louis te ressemble pour cette nature de sensitive qui l'invite à se replier sur lui-même.

Personne autre que toi n'aura l'influence nécessaire pour faire épanouir ce jeune cœur; pour lancer à la bataille cette faible volonté.

Les Anglais laissent aux enfants l'initiative et la responsabilité de leurs actes et en font de bonne heure des hommes résolus. Nous, Français, sommes trop souvent esclaves de nos impressions.

Ta malheureuse timidité est une geôlière qui tient prisonniers les plus beaux oiseaux de ta cage, délivre-les, délivre-toi, afin de t'élever avec ton jeune frère au-dessus des entraves, des banalités, et d'atteindre les sommets d'un vol hardi et joyeux.

Mon invincible timidité me rappelle un souvenir de mon dernier voyage à Paris. C'était en Mars, temps de maussades giboulées, cependant en-avant courrières, le printemps nous envoyait ses violettes du Midi. J'étais dans une populeuse avenue où les voitures et les piétons se pressent comme s'ils étaient pris de folie ; j'attendais l'omnibus. Sur la chaussée, en face de moi, séparée par le torrent des précipités, une enfant, une petite fille, cherchait à vendre des violettes contenues dans une vieille boîte à fil ; de sa main droite toute tremblante, elle tenait un maigre bouquet, n'osant ni le montrer ni le tendre aux passants. Son joli visage pâle, ses yeux bleu pâle, ses cheveux blond pâle, tout indiquait une nature frêle, délicate, distinguée ; un instant elle avança sa petite main fleurie vers un promeneur qui la repoussa d'un geste impatient : une rougeur subite envahit ses joues délicates, m'avertissant qu'elle n'avait l'habitude ni de vendre ni de mendier, c'était une timide... De pauvres vêtements noirs déteints couvraient à peine sa mignonne personne, gracieuse malgré tout, avec les flocons de neige qui la faisaient ressembler à un arbrisseau printanier ; je fus émue, et tirant une pièce de deux francs je lui fis signe de m'apporter son petit bouquet ; elle hésita une minute, craignant de se tromper sur mon appel et osant à peine traverser cette foule hostile. Enfin elle se risqua, lorsqu'un sergent de ville la rejeta brusquement sur la chaussée, une bicyclette passait. Peut-être aurais-je pu aller vers elle si j'avais pu vaincre aussi ma crainte de la foule ; à ce moment mon tramway arrivait ; pressée par l'heure, je montai, et après l'égoïste satisfaction de jouir du repos et de l'abri, je vis par la glace la pauvre petite marchande de violettes regarder avec anxiété la lourde machine qui emportait son dernier espoir ! La nuit commençait, le brouillard la rendait encore plus pâle, encore plus triste ; les deux timidités n'avaient pu se rejoindre !

SUR LES ILLUSIONS

LETTRE XII

Arrivons, mon amie, aux illusions, et sois-leur plus clémente ; je te trouve sévère pour celles dont tu me parles, tu es un peu absolue dans tes jugements, tes amis méritent plus d'indulgence.

La jeunesse a d'inflexibles lignes droites qui n'ont traversé dans l'espace que les sereines régions de l'espérance.

Plus tard, tu penseras, avec ta vieille amie, que les lignes droites s'infléchissent doucement par la compassion, la compréhension des difficultés, des blessures de la vie !

Et maintenant examinons ensemble, Marie, ce que la foule appelle le chapitre des illusions ; cet étrange livre contient plus d'un chapitre, livre mystérieux formé de tous les rêves humains, peut-être de la lointaine impression d'une félicité primitive pour laquelle nous étions faits?

Que d'illusions diverses depuis les douces et naïves illusions qu'on vénère, jusqu'aux chimères de l'orgueil en délire !

Il y a les illusions de l'enfance, celles des belles âmes, toujours enfants de ce côté ; les illusions de la misère, les âpres erreurs des déclassés ; celles des malades soutenus par l'espoir de l'impossible ; enfin les mirages des artistes, des inventeurs, du talent, du génie, car nul n'en est exempt, pas même la sainteté.

Te rappelles-tu l'histoire de cette sainte demandant à Dieu la grâce de se connaître *pleinement*? Cette faveur lui fut accordée, mais elle s'évanouit et faillit mourir d'effroi, ne pouvant supporter la claire vue de ses misères. Souviens-toi de cela, Marie, pour *doser* la vérité à ceux qui t'entourent et la proportionner à leur faiblesse.

La vérité, liqueur précieuse, mais amère, doit être distribuée goutte à goutte, par une main prudente et *avare*; elle devient alors un baume souverain qui peut rendre la santé morale.

Il y a deux genres d'illusions, celles qui sont absolument nuisibles et qu'on doit enlever vivement, à l'imitation du chirurgien qui coupe le membre gangrené; il en est d'autres, au contraire, qu'il faut laisser tomber d'elles-mêmes, comme les fruits mûrs se détachent de l'arbre.

Si on veut arracher aux branches de la sensibilité humaine des fruits verts et tenaces, il peut se produire d'irréparables blessures. Tu as l'esprit juste et le cœur délicat, prends conseil de tous deux avant d'ébranler même les plus fragiles appuis.

Tu ne sauras qu'à mon âge combien un peu d'illusion, un peu d'espérance est nécessaire pour supporter les réalités, hélas! si tristes!

Imite la douce Providence qui, voilant les

épreuves de l'avenir, nous laisse former des rêves, des projets, peu réalisables peut-être, mais qui, présentement, soutiennent et enchantent.

Laisse croître un peu d'ivraie dans la récolte, crainte de déraciner le bon grain ; laisse couler quelque limon à travers les eaux pures, les barrages pouvant amener l'inondation.

Ne dis pas que tu épargnes les désillusions ; bien des gens vivent heureux de leurs rêves jusqu'à la mort, bien des misères sont bercées par des songes, bien des œuvres s'élèvent soutenues par une pensée qui paraît irréalisable au début et qui finit par prendre vie et mouvement.

Que savons-nous pour juger et condamner si vite? On doit tout son appui à ceux qui travaillent, cherchent et luttent. Que feraient-ils sans un peu d'illusion pour délassser leur pauvre esprit fatigué?

J'ai toujours été frappée de la cruauté des mondains qui prennent un malin plaisir, (et plaisir sans profit), à souffler sur des rêves inoffensifs, tandis qu'ils trouvent tant d'indulgence pour des actes vraiment coupables ! Ceci me remet devant les yeux la figure d'un pauvre vieillard qui s'appelait Monsieur Prosper, (ironie du nom !) Ayant perdu toute sa fortune, il avait l'intention de la refaire par des inventions scientifiques. Trop âgé pour avoir une place, il recevait d'une parente dévouée le vivre et le couvert. Très grand, maigre comme un Don Quichotte, il surmontait la foule par un vaste front couronné d'une chevelure enlevée et hardie ; avec cela, le regard fou des gens qui courent après l'impossible. Il creusait son problème et nous parlait de ses espérances, la face illuminée : « Bientôt mes enfants seront riches et glorieux de leur père. » Naturellement lorsqu'il fallait utiliser l'invention, on lui faisait comprendre, avec ménagement, qu'elle n'était pas encore réalisable ; il se remettait immédiatement à faire un autre plan sans perdre ni confiance, ni courage ; nous respections ses chimères, et les années passaient !... Mais un jour, un cœur méchant employa une cruelle logique à lui prouver qu'il était absurde, que ses travaux étaient inutiles, ses rêves impossibles, qu'enfin tout en lui n'était qu'*illusions*. Le pauvre Prosper reçut un coup de massue ; son regard perdit sa flamme, ses membres leur mouvement, sa volonté la seule raison de vivre, et il mourut en quelques jours !...

Quant aux derniers mirages, ceux des malades, des pauvres, des affligés, ton cœur seul t'apprendra à les respecter ; illusions providentielles que la tendre miséricorde de Dieu laisse à ceux qui n'ont plus de consolations visibles.

Dans la première partie de la vie, nous montons à travers les difficultés du chemin, soutenus par l'espérance du bonheur ; mais arrivés au sommet, n'ayant atteint que des joies passagères, il nous faut descendre l'autre versant avec une lente tristesse. C'est le moment de constater que le seul bonheur sûrement réalisé, c'est la joie donnée aux autres avec toute la force de notre dévouement.

Toi, chère enfant, qui as l'appui d'une foi solide, tu peux remplacer les illusions de la première jeunesse par les espérances ou plutôt les *sécurités* célestes.

Tu es parmi les heureux et les forts, cela t'impose une grande générosité envers ceux qui ne sont pas revêtus d'une pareille armure.

Le bonheur n'est pas tout à fait une illusion, c'est le souvenir d'une possession réelle au Paradis terrestre ; il dépend de nous de le revoir au ciel agrandi et divinisé ; en attendant, notre droit ici-bas est de chercher et de réaliser des bonheurs relatifs qui ne soient pas non plus des illusions.

L'ART D'ÊTRE MALADE

LETTRE XIII

Ta jeune cousine, chère Marie, est fort à plaindre, elle souffre et ne veut pas souffrir; elle est malade et traite la maladie en ennemie; elle subit le mal, y ajoute la révolte, fléau plus terrible encore et qui rend la maladie *intolérable*.

On apprend aux jeunes filles bien des choses inutiles, on les fatigue par l'étude des arts d'agréments, qui, exercés souvent sans disposition, n'agréent à personne.

Mais de l'art tout féminin, *l'art de souffrir*, il n'en est pas question.

Les femmes, cependant, sont faites pour

pâtir et subir bien des maux, c'est leur principale vocation.

Dès l'enfance, il faudrait les dresser à la patience, affermir leur courage, les habituer à faire bon visage aux misères quotidiennes, à souffrir *en silence*, avec douceur, avec vaillance, sans faire souffrir les autres. On avive ses maux en les racontant, dit M. Legouvé avec son rare bon sens.

Ta pauvre cousine n'est pas préparée aux épreuves; elle n'est ni armée de courage, ni cuirassée de raison. Livrée sans défense à tous les assauts de la douleur physique, secouée par les bouillonnements de l'imagination, anéantie par les découragements de l'âme, elle est forcément vaincue.

La vraie piété ne l'aide pas dans la lutte, la souffrance l'enlace et la retient prisonnière, comme en un souterrain sans issue, jamais visité par la lumière et la consolation.

Il lui faudrait d'abord une foi solide et la juste notion du peu de place que notre misérable petit corps tient sur la terre.

Nous ne valons que par l'âme, laquelle n'acquiert sa pleine valeur qu'avec les grâces divines, quand elle les veut bien recevoir.

Le bon Dieu est un père tendre et prodigue qui ne demande qu'à inonder de bienfaits sa chère créature, mais, chose inouïe, l'ingrate repousse ses trésors pour vivre des âpres dons de Satan, la *plainte* et la *révolte*.

Cette plainte universelle s'étend sur toutes choses comme un lac amer, inondant de ses flots irrités les créatures, la création et jusqu'au Créateur, que sa témérité essaie d'atteindre.

Le premier trait qui nous frappe chez les saints est leur séparation absolue avec l'éternel *mécontent* et leur joie de tout ce que Dieu ordonne ou permet.

Dans le ciel, nous remercierons des épreuves comme des bénédictions de choix ; tâchons d'imiter les chers saints qui, dès ce monde, commencent cette juste action de grâces.

Si tu ne peux faire accepter ces pensées surnaturelles par ta pauvre cousine, descends à son niveau, et dis-lui : que nous ne devenons réellement intéressants que par l'oubli de nous-mêmes.

Lorsque nous avons pour notre personne un souci exagéré, des soins immodérés, un amour sans bornes, cela dispense les autres de toute espèce de sollicitude.

Si nous étions persuadés que notre vie a peu de valeur, notre santé peu d'importance, nous en serions moins préoccupés et en occuperions moins les autres.

Dis à cette jeune femme qu'une mauvaise santé est une grande infériorité qu'il faut savoir se faire pardonner.

C'est la vie sans cesse arrêtée dans son élan et son expansion, l'inégalité d'humeur presque inévitable, le sombre voile jeté sur toutes les petites joies de l'existence.

Fais-lui comprendre qu'on n'a de valeur en ce monde que par une vie active, dévouée, utile.

Et pour commencer, conseille à ta cousine, condamnée à une longue maladie, de dérober à son mari et à tous ceux qui l'approchent les appareils de cette épreuve, que sa chambre, rangée de bonne heure, ne garde rien d'inutile, et présente en tout temps un aspect agréable.

Les maris n'aiment guère, en rentrant, à voir flotter le drapeau noir de l'hôpital ! Qu'elle l'enlève et pense à le dédommager des inquiétudes, des ennuis causés par la maladie, et que ses plus tendres mercis récompensent les moindres attentions.

Le triste moi est un petit cercle qui, lorsqu'on y vit, va se rétrécissant de plus en plus jusqu'à devenir un point noir qui touche à la folie.

Il faut le rompre et en sortir à tout prix. Que cette pauvre jeune femme essaie de s'oublier.

Que de son lit, de son canapé, elle rayonne sur son intérieur par la prévoyance, l'organisation, l'intelligence des besoins de chacun, sans oublier les joies nécessaires.

Cela serait vraiment plus agréable à ta malheureuse parente que de se lamenter indéfiniment et de rester dans la triste contemplation de ses maux. La maladie la condamne à des heures de solitude forcées dont elle a horreur; sa frivole nature s'effraie du *silence*, en qui elle sent un accusateur qui seul avec elle lui reproche tous ses défauts.

Surtout qu'elle n'ajoute pas aux douleurs réelles des maux de nerfs imaginaires et indignes d'une femme raisonnable.

Si on ne domine pas complètement le système nerveux, on en devient facilement et tristement l'esclave.

La force nerveuse est une force inférieure destinée à obéir, non à tyranniser; elle est faite pour soutenir les organismes faibles, remplacer au besoin la force musculaire, mais la *volonté* doit régler l'ordre physique comme l'ordre moral.

Les maladies nerveuses croissent à notre époque avec le caprice, la paresse et l'agitation, ces trois choses disparates et cependant si proches parentes !

Une action paisible et ferme, prise dans l'ordre, affermit la santé.

Les femmes modernes sont les jouets de leurs nerfs et perdent ainsi le respect de leur entourage. Personne ne tire vanité d'avoir un tempérament bilieux ou sanguin, pourquoi donc poser avec ses nervosités? C'est une faiblesse, une infirmité, toujours un ridicule.

Ta cousine est presque ta sœur, vous êtes du même âge, tu as tous les droits possibles de lui adresser quelques paroles de vérité. — Dis-lui de ne jamais parler de ses nerfs et, du reste, de ne confier ses épreuves physiques et morales qu'à un intérêt véritable et supérieur.

Un vrai courage, une douce sérénité sont encore les meilleurs moyens de retenir les nôtres autour du lit d'épreuves; c'est aussi la manière d'en sortir.

« L'âme fait son corps »; a dit un célèbre médecin anglais ; une âme bien équilibrée finit, à moins d'accidents graves, par rétablir l'ordre physique.

Vraiment, ni la maladie, ni la mort ne devraient nous troubler ; ces accidents sont dans l'ordre voulu par notre Père Céleste, et doivent être reçus filialement.

Et puis ta chère parente a tant de compensations qu'elle ne paraît pas voir ! Il est des joies qui, pour être appréciées, doivent être perdues sans retour.

Ta pauvre cousine, si aimée ne se doute pas du bonheur qui l'entoure ; plus tard, bien tard, je le souhaite, elle se rappellera avec attendrissement ces regards amis penchés sur son lit de malade, interrogeant, avant la parole, le visage pâli ; ces voix affectueuses lui soufflant le courage et l'espérance, ces douces mains l'entourant d'incomparables soins, et, s'il survient un nouveau malaise, l'expression d'anxiété qui dit à la malade que sa souffrance est ressentie, dépassée même, par le cœur qui l'aime.

Je me souviens de deux graves maladies, à

deux périodes de ma jeunesse où j'ai vu la mort de près; cependant elles ont marqué ma route d'un indicible bonheur, celui de me sentir profondément aimée.

Comment ne pas remercier la maladie lorsqu'elle fait sortir toutes les tendresses en gerbes lumineuses pour éclairer notre sombre alcôve? Comment ces joies exquises ne feraient-elles pas taire toutes les plaintes?

Si, avec le temps, ta cousine reste isolée, si la mort et l'absence ont dispersé ses précieuses affections, si elle se débat seule avec la fièvre, et que des yeux étrangers lui disent clairement l'ennui, l'irritation causés par sa maladie à des indifférents, elle se rappellera l'égoïsme inconscient avec lequel elle recevait les véritables soins du cœur.

Tu feras une œuvre angélique, ma fille, si tu peux donner à cette jeune femme un courage qui soutiendra sa faible nature et aussi les dévouements qui l'entourent.

ÉDUCATION
DES
JEUNES ENFANTS

LETTRE XIV

Ma chère fille, rappelle-toi ton enfance pour comprendre les besoins de ta petite cousine, puisque la maladie de sa mère te la fait remplacer.

Un des notables défauts de l'éducation actuelle, est de faire trop participer les enfants à la vie des parents.

Les petits, avec leurs grands yeux, voient bien des choses et sont des observateurs sagaces, dont l'innocence enlève notre défiance.

Cependant ils épient nos défauts, nos ridicules, pour se dispenser du respect et de la soumission.

Un peu de séparation est nécessaire pour que l'enfant, privé quelques heures d'une douce société, s'élance de lui-même vers un cœur maternel. Ne laisse pas courir le tien au devant de ta chérie.

La plupart des mères accablent les enfants de leurs caresses ; ces pauvres petits êtres sont comme des fleurs desséchées par un soleil brûlant, un peu de chaleur développe la plante, mais il lui faut aussi l'ombre et la rosée.

Que ton cœur, en sa maternité passagère, sache voiler sa tendresse pour mieux développer celle de l'enfant.

Vraiment les humains, qui devraient se contenter de l'adoration d'un seul Dieu, ont eu de tous temps besoin *d'idolâtrie*.

Autrefois les *Dieux Lares* recevaient les hommages du foyer ; maintenant, les chers petits vivants sont les *idoles* de la famille.

Parents, grands parents, serviteurs et amis épient leurs regards, leurs moindres désirs pour y conformer les volontés de toute la maison.

Naturellement, les petits agissent en tyrans adorés devant lesquels tous s'inclinent. Plus tard, la vie, qui est fort contrariante (surtout pour les enfants gâtés) leur fera payer cher cette précoce royauté.

L'égoïsme inné de l'enfant est cultivé avec grand soin par la mère, laissant croire à son idole que tout lui est dû et que le monde est fait pour elle.

On ne combat que les défauts gênants, comme la brusquerie et tous les éclats, sans penser que le mouvement est la condition essentielle de la croissance.

Les grandes personnes agissent pour un but déterminé et se plaignent de ce que les enfants remuent sans motif.

Et la raison de croître, de se développer, de se fortifier, n'est-ce pas une raison souveraine qui mériterait tous les encouragements ?

Rien n'est plus funeste à l'enfance que d'être *rivée* aux habitudes des pères et mères, de rester pétrifiée et silencieuse sur une chaise.

Ces pauvres petites momies bandelettées par les convenances me font grand pitié.

Laisse ta Ninette prendre ses ébats, comme un gracieux animal dans l'expansion de sa jeune vitalité ; ses membres deviendront souples et adroits ; surtout, ne la prive pas des petits êtres de son âge qui feront du bien à son caractère et à sa santé.

Tout ce qui est jeune dans la nature prend le mouvement pour jeu et plaisir.

C'est dans l'ordre providentiel qui *veut* sa créature heureuse ; enfant, on doit s'amuser et grande personne, il faut conserver une courageuse gaîté jusqu'à la fin, c'est la vertu des parfaits, qui se proclament ainsi contents de leur sort, quel qu'il soit.

Tu seras en droit, après l'amusement, de réclamer l'application au moment des courtes études, en attendant la précieuse vie du couvent. Oh! la chère simplicité qu'on y trouve, si bonne à l'enfance ! Ces cheveux simplement relevés dans un filet, sans lien ni apprêt, ces petites robes unies, à plis droits, dont les seuls ornements sont la croix de sagesse, ou la médaille d'enfant de Marie. Quelle délivrance des embarras du monde, de la tyrannie de la mode !

Quelle liberté laissée à tous les organes, surtout quel temps mieux employé pour le jeu et l'étude que l'occupation de ces multiples chiffons qui empêtrent nos pauvres chéris, les vieillissent, les torturent, les énervent en leur faisant porter avant l'âge les livrées sociales.

Sénèque, qui ne dédaignait pas les détails, recommande instamment pour les enfants la simplicité et l'uniformité des vêtements.

Laisse donc à ta biche sauvage sa simple et large blouse, et malgré ton ordre admirable, ne crains pas trop les taches et les accrocs.

Pour le corps, traite-la selon son âge, mais pour le caractère, suppose la compréhension complète

Parce que ces petites langues ne savent pas tourner aussi habilement que les nôtres, ne va pas supposer que sa logique enfantine n'est pas en état de te comprendre.

9

Trêve de niaiseries ou de vaines menaces, elle en a trop entendu. Donne-lui des raisons *raisonnables* et tiens toujours tes promesses, récompenses ou châtiments.

Elle sentira vite les responsabilité de ses actes, dont le meilleur doit être... l'*obéissance*.

Mais ne consulte jamais ses goûts, ses préférances, ses volontés. Décide pour le mieux et qu'elle reste persuadée qu'avec toi, elle n'aura pas voix au chapitre, ce qui, pour la première fois, lui donnera peut-être la persuasion de sa petitesse et de son ignorance.

Et quel service tu auras rendu à la mère, en fortifiant cette frêle petite, en la délivrant de ses fantaisies, de ses violences enfantines si nuisibles à elle-même et à son entourage !

Fais-toi aimer, c'est facile, et lorsque le cœur est ouvert, l'obéissance y entre comme l'*épée dans son fourreau*.

Après l'obéissance, cultive la joie comme une plante précieuse. Ta Lucie est une jeune sérieuse qui a aussi besoin de gaîté ! Le contact avec la petite la fera s'épanouir.

Les enfants sont naturellement joyeux, quand ils se portent bien, et n'exigent pas la lune.

Délivrée de ses caprices, ta mignonne te charmera par ses notes heureuses plus que tous les oiseaux avec leurs chants aimables.

CARACTÈRE, ORGEUIL
VIVACITÊS, VENGEANCES

LETTRE XV

Ton jeune frère, me dis-tu, est impressionnable, susceptible, facilement assombri et replié sur lui-même, comme une sensitive ; avec cela très réfléchi, méditatif, un peu mélancolique. Il faut développer le côté aimable, tout en gardant ses qualités solides.

Un heureux caractère est un bon regard qui voit le meilleur côté de tout, est indulgent aux choses déplaisantes, et vaillant pour les évènements pénibles. Tout passe si vite et si vite, qu'on ne devrait pas s'attrister des petites misères, qui, avec un peu de temps, perdent toute leur importance.

Mais, arme de solide patience ton cher Louis, afin de lui épargner les surprises.

Savoir être contredit, supporter l'imprévu, ce bourreau de l'existence, les multiples contrariétés qui tissent la vie, voilà la science des sciences, le moyen de vivre en paix avec ses semblables, de se dominer et de les dominer.

Dis lui que chez les vieillards, la mauvaise humeur peut être excusée par les infirmités et les épreuves des ans. Chez les jeunes gens, c'est une faute impardonnable, un délit sans aucune circonstance atténuante.

Pour commencer, ne demande pas à Louis ce qui lui agrée, choisis pour lui le préférable, dicte tes arrêts avec une douce fermeté et ne supporte pas de discussion ; c'est la manie de la jeunesse actuelle, et tout s'y perd, le temps, le respect, la patience.

Dis à ton jeune élève que rien n'est moins utile que de vouloir prouver aux autres qu'on a raison, c'est jouer à qui gagne perd, et ce jeu est défendu à la jeunesse : la contradiction, la contestation et autres armes viriles, doivent être laissées aux hommes faits. Lorsque notre opinion est contestée, gardons un doux silence et passons.

On ne peut éviter les batailles, mais si dans les détails, on a l'habitude de la condescendance, l'autorité n'en devient que plus grande dans les luttes indispensables.

Les plus nobles qualités de cœur et d'esprit sont annulées par un mauvais caractère.

Le cœur n'a pas occasion de s'exprimer tous les jours, mais le caractère montre ses façades à toute heure, et peut à chaque minute faire sentir ses aspérités, si une sage éducation n'a pas eu soin d'abattre les angles, d'adoucir les arêtes et toutes choses blessantes.

Ton Charles, au contraire, tout en dehors, est violent et emporté, cela vient en partie d'un grand orgueil ; son heureuse intelligence a été si admirée, si louangée, qu'une plus forte tête n'y aurait pas résisté. Prends-le par la plaisanterie, dis-lui que cela coûte trop cher de loger le *Sire Orgueil*. Sa ruineuse majesté, jamais rassasiée, jamais satisfaite, veut régner seule ; son impérieuse voix fait taire les plus douces chansons, enfin c'est un seigneur détesté, fort déplaisant à tous ceux qui l'approchent.

Ne t'alarme pas trop des impétuosités de Charles, il saura avec l'âge calmer ses premiers mouvements ; la représaille des claques ne me semble pas pendable ; c'est la petite bataille, préface de la grande ; mais insiste sur la maîtrise du second mouvement ; pas de rancune.

La vengeance est, dit-on, le plaisir des dieux, mais des dieux païens dont les vices doivent nous faire horreur.

Qui de nous aurait l'idée de voler son voleur, de duper son *dupeur* ? Demande à ton frère si un chrétien voit la nécessité de rendre un mauvais procédé par un autre, de s'abaisser à une vilenie parce qu'un caractère bas l'a touché ?

Enfin, fais-lui bien comprendre que la vengeance nous rend aussi laids que ceux qui nous ont offensés. Et dût son amour-propre en être satisfait, qu'il choisisse donc le beau rôle dans la vie. Qu'il abandonne souvent sa propre cause et réserve ses forces et ses générosités pour soutenir les faibles qui ne peuvent se défendre.

Et toi, amie, garde le plus possible tes deux frères jeunes et joyeux. Il est des natures heureuses qui voient tout en beau, prennent des événements les impressions gaies et sont infiniment agréables à leur entourage ; fais remarquer à tes enfants ces aimables caractères.

Celui qui tire de l'arc doit espérer atteindre le but ; croire au bien chez les autres, à la réussite des entreprises, donne l'élan et souvent le succès. Prenons l'espérance pour objectif de notre flèche, et si elle dévie ou même, par ricochet, nous blesse, endurons vaillamment la blessure. La gaîté du soldat est la moitié de sa bravoure, e jour où il s'attriste, il est vaincu.

La contrariété est comme la pluie ; il nous la faut supporter quand même, ayons donc un rayon de belle humeur qui nous sera une embellie à travers les nuages.

TRAVAIL, MÉTHODE

LETTRE XVI

On dit qu'aimer en paix sera la béatitude du ciel. Travailler en paix est certes une des béatitudes de la terre.

Fais comprendre à tes jeunes gens, amie, que le travail est une punition paternelle, renfermant un grand bienfait.

Oui, il est des travaux pénibles, fatigants : « Tu mangeras ton pain à la sueur de ton front » restera l'éternelle sentence, mais le travail est aussi l'expansion naturelle des forces humaines, et chaque effort est payé d'une satisfaction vivifiante.

Le travail manuel entretient, augmente, renouvelle la vie ; la fatigue même, prise en plein air, fortifie ; par contre, l'oisiveté, ennemie de la loi et de la nature, use l'existence plus que le travail et désagrège nos facultés physiques et morales, comme la rouille le fait pour les outils abandonnés.

Et que dire des travaux intellectuels qui, malgré leurs épines, apportent des joies si profondes et jusqu'à de bienfaisantes ivresses? C'est qu'ils répondent à notre besoin de créer et de nous survivre. Fils du Créateur, répondons à cet appel divin et faisons sortir quelque chose de notre tête ou de nos mains, chef-d'œuvre d'art ou objet pratique (1).

Le travail est un devoir sacré, même lorsque

---

(1) Le feu sacré du génie est un feu latent qui ne jaillit que sous le coup de la souffrance et du travail. Sans le travail, il reste enfoui ; il faut l'effort, il faut la douleur ; il faut entr'ouvrir la terre, briser son âme pour en faire jaillir la flamme divine. Rien n'est donné à l'homme sans travail, sans grand travail.

Mgr Dupanloup.

le résultat en paraît inutile. — Les premiers saints au désert s'évertuaient à remplir un tonneau percé pour obéir à la loi de l'effort, renouvelant ainsi la fable du tonneau des Danaïdes, les mythes anciens ayant presque toujours été les précurseurs prophétiques des philosophies modernes.

Mais, comme tous les devoirs, le travail a ses règles ; ne laisse pas agir tes élèves dans les zigs-zags de Dame Fantaisie et par l'impulsion de la folle du logis. Assigne-leur un but déterminé; nos heures sont comptées ; nos labeurs limités ; il faut agir à coup sûr et viser juste.

Commençons par mettre du bon grain dans notre tête, et fermons la porte du magasin aux semences fermentées.

Tandis qu'on se sent heureux et vivace par l'effet d'une lecture élevée, vraie substance incorporée à l'intelligence, l'habitude des romans affadit, rend triste, d'une tristesse molle et découragée, résultat de l'habitation avec les êtres chimériques.

Fais goûter, comprendre, aimer l'histoire à tes jeunes gens. L'histoire, honnêtement, sérieusement traitée, contient assez de péripéties, de tragiques événements pour intéresser passionnément; mais ces tragédies ont été vécues et peuvent s'incruster dans l'esprit en salutaires leçons.

Travailler avec méthode abrège l'effort et éclaire la route. Jusqu'à vingt-cinq ans, on a l'habitude, la routine du travail, si, après, veut sortir de l'ornière, on acquiert *l'art de travailler.*

Une des parties les plus difficiles de cet art est la méthode; elle est le frein de l'intelligence, comme la morale est celui des mœurs.

Un esprit réglé et méthodique reste d'habitude dans la droiture et la vérité. Oh! que ces idées sont arriérées! me diras-tu. Le modernisme d'aujourd'hui ne parle que d'impressions, d'imprévus, de phénomènes de surface, de grossières apparences, ou d'impalpables symboles. Aussi quelle incohérence chez les jeunes, quel aplomb lorsqu'ils tranchent et parlent sur des choses inconnues ! Fais à tes frères le portrait de ces jeunes décadents, afin qu'ils prennent d'autres habitudes d'esprit et une physionomie plus intéressante.

Sache aussi, raisonnable amie, laisser aux enfants l'attrait du labeur; pour cela, épie toute lassitude, fais dételer et reposer; mais le repos doit se gagner pour être apprécié, et n'être pas trop prolongé.

La distraction est jolie comme changement surtout, car on se lasse vite du plaisir, qui ne ent jamais ce qu'il promet.

En vacances, si le temps n'est pas réglé aussi, les enfants se fatiguent de leur oisiveté et en fatiguent les autres.

Fais en sorte que tes chers petits reviennent au travail comme au meilleur compagnon de la vie, en attendant le culte passionné qu'on doit lui rendre plus tard.

THÉATRE, LITTÉRATURE
ENTHOUSIASME, ENGOUEMENT

LETTRE XVII

Tes frères, après leurs sérieuses études, demandent quelques distractions, quelque diversion à d'arides travaux.

Ils suivent encore tes impulsions, Dieu merci ; à toi donc de choisir ce qui peut les reposer en les charmant.

Le culte du laid est en grand honneur aujourd'hui ; la jeunesse, sous couleur d'humanité, s'éprend des laideurs, des difformités, des misères, même des vices. Tout est célébré en vers, en prose, en peinture, et jusqu'en musique ! Or, rien de cela ne secourt personne ; il n'y a que la douce religion pour s'approcher efficacement du pauvre, épouser par amour ses misères et ses souffrances.

Au théâtre souffle le même siroco de bas réalisme, de réelle décadence.

Dans la vie ordinaire, on fuit avec raison les scènes violentes ; personne n'irait par plaisir voir commettre un crime, les monstres font reculer. Pourquoi alors, sous prétexte de se distraire, va-t-on entendre quelque drame bien noir où ne se trouvent jamais assez de péripéties et d'horreurs ?

Pourquoi détourner le jour nos yeux et nos pas des bassesses, des infamies, et nous précipiter le soir pour voir et entendre des atrocités ?

Nos jeunes blasés se font gloire de ne rien admirer ; ils semblent ainsi se mettre au-dessus de tout et affirmer leur grande supériorité : ils n'expriment, hélas ! que leur parfaite sottise.

Cependant, ils s'emballent à froid pour d'étranges choses, et leur engouement est le pire ennemi du véritable enthousiasme.

Tiens-toi au courant, chère Marie, des évolutions modernes (je ne dis pas progrès), afin d'en causer avec tes frères et d'éclairer leur jugement.

Monte une garde vigilante pour écarter le poison et administrer vivement le remède s'il est absorbé. Détourne tes jeunes gens de ces laides et décevantes représentations, en leur faisant lire et même jouer de belles pièces vaillantes et élevées.

Prosaïsme, réalisme, est le double son de la cloche journalière. Cependant le beau devrait être l'Orient des jeunes et leur aimant naturel.

L'*enthousiasme*, disaient les anciens, *est le dieu intérieur*; sois-en la Vestale, entretiens le feu sacré avec la plus ardente foi; l'enthousiasme est un des plus précieux dons de la jeunesse, et celui qui la prolonge le plus. Les hommes de génie conservent cette flamme sacrée jusqu'à la fin, et cette vibration des belles choses leur garde la fraîcheur de l'esprit et l'ardeur du sentiment, si touchante avec les cheveux blancs.

Heureuses les âmes poétiques, le printemps chante en elles toute l'année et la fée qu'elles abritent leur fait respirer l'aubépine au temps des neiges !...

Aime toujours ta vieille amie.

SUR LES BÉNÉFICES
DE LA
CRITIQUE

LETTRE XVIII

Ton jeune frère t'inquiète par sa répulsion pour la critique, son refus violent de toute observation. Cela vient d'un excès d'amour-propre ; cependant il en faut, et beaucoup, pour vaincre les difficultés d'une carrière ; mais fais-lui comprendre que cet amour-propre, cet orgueil mal placé fermerait la porte à tout progrès, aux plus légitimes ambitions.

Les étroites limites de notre savoir, les bornes de notre intelligence nous enferment tous dans une sorte de prison dont il faut sortir, parfois avec violence, toujours avec courage, en appelant le libérateur, quel qu'il soit.

La critique est le vigoureux coup de fouet qui nous lance en avant avec des bottes de sept lieues.

Acceptons donc avec faveur les justes blâmes comme le prisonnier accueille les rayons du soleil qui, en pénétrant dans son cachot, le délivrent des fantômes, des rêves solitaires et des vains efforts pour en sortir.

Que ton frère reste son critique le plus sévère, cela le rendra doux pour le blâme d'autrui.

Tout doit aller au bien des affamés de vérité et de progrès, même les critiques mal fondées, qui inquiètent, font chercher et trouver parfois la note juste.

Quant aux blâmes venus de l'envie, de l'injustice, de la malveillance, ils contiennent eux mêmes un bienfait en nous découvrant un côté inconnu de nous-mêmes dont la défectuosité est exagérée, sans doute, mais bonne à connaître, comme toute caricature.

Dis à ton cher Louis que nous nous trompons chacun à notre tour.

Prétendre avoir toujours raison est une sotte et aveugle présomption semblable à une cataracte posée sur notre vue intérieure.

Si une main amie ou brutale nous l'enlève pour nous présenter, soit le fidèle miroir de nos travers, soit le verre grossissant de nos défauts, nous devons en faire notre profit.

La vie sociale n'est qu'une longue contradiction, une contrariété infinie ; de bonne heure il faut habituer les jeunes gens à être contrariés, à être contredits, et à se fortifier de tout.

Nos amis nous voilent à tort le revers de notre médaille, tandis qu'ils devraient nous aider à recevoir bravement la vérité et à la dégager de toutes les illusions de l'amour-propre.

Sois donc la vaillante amie de ton frère ; il a le germe du vieux bon sens français ; si tu peux réveiller sa droiture et sa simplicité, j'espère qu'il comprendra la justesse de ces pensées et saura briser les sottes barrières qui empêchent de pénétrer dans son esprit la vraie, grande et pure lumière.

SUGGESTION, ATAVISME

LETTRE XIX

Je ne suis pas étonnée, chère amie, du trouble apporté dans l'esprit de tes frères par les nouvelles doctrines de l'atavisme, de l'irresponsabilité.

Le progrès, tant célébré, retourne de vingt siècles en arrière et patauge en plein paganisme.

Criminel malgré lui par la loi du destin : c'est l'image de l'Œdipe-Roi, encore est-il intéressant par l'horreur que lui inspire son crime et le terrible châtiment qu'il s'inflige.

Mais nos jeunes gredins n'ont aucun repentir ; on les élève avec la théorie des irresponsables, de la transmission des vices paternels, et, mieux encore, on les dits dépendants de la *suggestion* du premier étranger venu, du premier passant mal *intentionné*. Voilà vraiment de pauvres créatures, plus à plaindre que toutes les victimes antiques, et découronnées de toutes les libertés du christianisme.

Je ne suis ni savante, ni théologienne, chère amie, et ne puis t'offrir que le sentiment d'un vieil esprit fort démodé.

Pour la suggestion, il faut laisser cela aux détraqués, aux abaissés, aux névrosés de tous genres. Une volonté saine et forte doit être réfractaire à ces impressions.

Il y a certainement des fluides chez l'homme comme dans la nature, mais jusqu'ici ils sont peu déterminés et rarement bienfaisants. Gare aux effluves; ne te laisse jamais magnétiser et n'accorde pas à ton semblable un droit que Dieu lui-même n'a pas voulu prendre.

Le premier sentiment du Père Céleste en créant l'un de nous est l'amour de sa créature, le second exprime le respect de son œuvre par le *don du libre arbitre*.

Nous sommes donc absolument libres, depuis le Paradis terrestre, de choisir entre nos satisfactions passagères, trop souvent nuisibles, ou l'heureuse obéissance imposée pour notre bien.

La conscience décide de ses actes en souveraine absolue, et notre *vouloir* est un roi sans lequel rien ne se peut, pas même le doux passage de la grâce, car tous les sacrements ont besoin de notre *consentement*, à commencer par le baptême, dont le parrain est le répondant.

Quelle grandeur, quelle majesté ! Il semble que par *ce noble libre arbitre*, Dieu nous traite en fils émancipés pour nous rendre dignes de l'héritage céleste.

Et le progrès moderne voudrait renverser à quatre pattes le roi de la création pour l'assimiler aux animaux et autres créatures qui obéissent à des instincts plus forts qu'eux ! C'est à ne pas croire que des êtres intelligents et raisonnables se laissent ainsi ravaler au-dessous des bêtes !

Dis à tes frères de relever le front et de s'estimer davantage. Qu'ils sentent fièrement leur responsabilité et l'importance de cette vie d'un moment qui leur est prêtée pour de si grandes choses !

Les faibles cèdent à leurs caprices et s'absolvent facilement en s'imaginant qu'ils recommenceront plusieurs fois l'existence. Ce n'est pas très honorable et nous rabaisserait à des rangs inférieurs.

Chaque espèce de semence, après avoir été dissoute, anéantie, recommence à germer plus vive qu'auparavant.

Au milieu de ce flux et reflux d'êtres qui meurent et ressuscitent, le souverain de la nature ne peut périr à jamais. Non, il ne meurt pas tout entier, mais sa vie est trop importante pour avoir plusieurs éditions ; il ne vit *qu'une fois* pour le temps, accomplit sa mission en un acte unique et solennel et ne renaît que pour devenir immortel.

Quant à la transmission des vices paternels, je

crois surtout aux héritages de la chair et du sang.

S'il y a quelques instincts mauvais venus des parents, l'instruction, la raison, la volonté peuvent et doivent les vaincre.

Mais, en général, les enfants des hommes de génie sont de piètres gens, et nous voyons sortir les artistes les plus célèbres de milieux incultes, bien étrangers aux lettres et aux arts.

L'âme est donc personnelle, ainsi que les dons intellectuels ; mais tous ces mystérieux problèmes ébranlent notre raison qui tient à si peu, que, si nous voyions la faible distance qui nous sépare de la folie, nous serions épouvantés.

Je ne puis comprendre l'orgueil que nous inspire cette pauvre raison, logée d'ordinaire sur les ailes d'un moulin à vent, quand ce n'est pas sur le bord d'un précipice comme les poètes, hélas ! et les artistes.

Donnons donc à garder cette fragile et précieuse faculté à Celui qui l'a créée, et si nous tenons à rester les maîtres de nous-mêmes, devenons les serviteurs de la suprême Sagesse.

CHOIX D'UNE CARRIÈRE

Etat Militaire, Littérature

LETTRE XX

Il faut déjà, Marie, tourner les yeux de tes jeunes frères vers le but à atteindre, le chemin à parcourir, la carrière à déterminer.

Ton aîné veut être soldat, le drapeau fait battre son cœur, il est robuste et vaillant, bravo! et en avant, marche!

En 1870 j'étais consternée de nous voir plongés dans le sommeil de la plus égoïste sécurité.

J'ai vu des gens sourire à l'idée de dévouement patriotique et dire que notre modernité n'avait que faire de ces vieilles rengaines, bonnes pour les tragédies de Corneille. En attendant, les beaux jeunes gens se dérobaient le plus qu'ils pouvaient à la *Promenade de Berlin*; les autres restaient capitonnés dans leur bien-être et ne semblaient nullement disposés au sacrifice.

Le réveil fut terrible, on comprit enfin la grande solidarité qui nous unit *forcément* dans le désastre; la déchéance qui nous atteint tous dans nos intérêts, notre vitalité, notre déracinement du sol natal !

Le plus beau sentiment des peuples anciens fut le patriotisme, mais combien il est plus vrai, plus beau chez les chrétiens, les immolés par excellence !

Notre religion est fondée sur le sacrifice, et rien n'est plus saisissant que le jeune homme qui volontairement renonce aux plus ardentes affections, à l'existence la plus aimable, parfois la plus comblée, pour mener la dure vie militaire, pratiquer le renoncement absolu de la volonté, exposer sa belle jeunesse aux mutilations, aux infirmités, et donner jusqu'à sa vie pour assurer à des inconnus la sécurité du foyer et la possession de leurs biens !

Mais sont-ce vraiment des inconnus, ces frères de France pour lesquels on est prêt à mourir? Il faut être à deux mille lieues de la mère patrie et rencontrer un Français pour répondre ? Il y a dans la famille nationale des liens sacrés qui élèvent l'homme au-dessus des liens naturels et au-dessus de lui-même.

En attendant ces belles et lointaines choses, exige de ton Charles, comme préparation à l'état militaire, la fermeté et la persévérance au travail.

Le découragement et la mollesse ne mènent pas à un but héroïque; du reste, nous sommes tous des soldats dans un sens général, faits pour combattre tous les combats, chaque jour, à toute heure, et jusqu'à la fin.

Voilà ce que tu dois inculquer à ton frère; ce sont les éléments de la *force chrétienne*, celle qui le rendra capable des grands sacrifices.

La religion change le simple courage en héroïsme et l'obéissance en vertu patriotique.

Ton Paul a le goût des lettres, cela ne m'étonne pas de sa nature délicate, nerveuse, impressionnable; mais c'est une véritable passion qu'il faudrait avoir pour choisir une si épineuse carrière.

Tu me dis qu'il écrit bien, compose facilement; ce n'est pas assez. Dans un concours, il y a des élèves qui se tirent à merveille d'un sujet donné, le traitent avec clarté, logique, intérêt, et sont appelés les élèves brillants; cela dénote une certaine intelligence, de l'instruction, de la mémoire, et n'a aucun rapport avec l'art d'écrire.

Le génie de l'écrivain est une petite flamme extraordinaire qui sort par intervalles du laboratoire commun et ne s'analyse guère L'art d'écrire, pas beaucoup plus. Il faut exprimer des idées justes, chargées d'expérience et de siècles, et les habiller à la mode du jour, avec des vêtements gracieux, pimpants, sévères, selon les circonstances; il faut surtout les revêtir de sa forme à soi; un vrai créateur doit être le père de ses idées et les créer à sa ressemblance.

L'écrivain doit observer de près, deviner plus encore, c'est le talent de l'analyste; s'il a reçu le grand don de la sensibilité, il sera ému et transmettra son émotion; mais s'il peut unir la lumière du cœur à celle de l'esprit, s'élever aux vues d'ensemble, aux idées générales, il sera philosophe et pourra laisser une trace éclairée et consolante, si la philosophie vient d'un divin foyer.

INSTRUCTION

DES

JEUNES FILLES

LETTRE XXI

Ton esprit étonné, chère Marie, s'émerveille des nombreuses connaissances qu'on fait entrer dans la tête des femmes, de tout ce qu'on emprunte à la virilité, jusqu'au nom de Lycée qui sonne si mal à côté de celui de jeune fille.

Il y a cependant une réaction contre les brevets d'institutrice, dont la fureur commence à passer. C'est un surmenage bien inutile pour la plupart des demoiselles, et en particulier pour ta sœur; de plus, le programme restreint du premier examen cantonne en des limites étroites et semble dispenser des études générales, indispensables à toute personne distinguée.

Sans avoir aucune parenté avec les femmes de Molière, je mets en première ligne l'étude du latin, père de tous les idiomes.

Tu vois combien ton léger savoir te sert pour aider tes frères dans leurs études les plus arides.

Que ta sœur monte un peu plus haut, quand cela ne lui ferait comprendre que notre belle langue liturgique avec ses incomparables prières et ses psaumes sublimes. Le latin lui donnera aussi la clef de plusieurs langues : l'espagnol, l'italien, dont les littératures offrent un vif intérêt ; mais dût ta Lucie se borner à la langue classique, elle serait encore assez enrichie par la latinité, mère de la poésie et de la belle prose.

Cette noble étude donne aussi une grande concision à la langue maternelle, et à la pensée une mâle vigueur.

On reproche aux écrits féminins d'être un peu vagues, un peu mous, et de se noyer dans les détails ; je conviens qu'il leur faut des toniques.

Les femmes de la Renaissance se faisaient gloire de parler latin, de nourrir leur subtil esprit de fortifiants arômes. Jane Gray et Marie Stuart prononçaient d'éloquents discours en latin sans nuire à leur grâce féminime.

En Italie, les plus grandes dames pouvaient répondre dans cette langue aux docteurs les plus érudits, et leurs réunions étaient vraiment *intellectuelles*.

Au grand siècle, chez nous, Madame de Sévigné recevait une solide instruction et connaissait le latin ; cela n'enlevait rien, je pense, au charme de ses lettres ?

La femme est faite pour être la compagne de l'homme : fille, sœur, épouse, mère, elle doit chercher à comprendre, à faciliter, s'il se peut, les études des êtres qui lui sont unis.

Après le latin, l'histoire et ses conséquences philosophiques doivent avoir large place. Il n'y a pas de romans, de drames comparables à ceux de la poignante vérité. Choisis les auteurs et fais prendre à Lucie le goût de ce fruit substantiel.

Dans l'étude de l'histoire, sois attentive à rattacher sans cesse le passé au présent ; presque tous les évènements politiques ont eu leurs antécédents, à toi d'en trouver les analogies ; il faut lier, réunir, grouper, généraliser les choses, évènements et dates, de manière à en trouver la grande unité morale.

Pour les œuvres d'imagination, sans les proscrire, mets-les à leur place, fais ressortir leur frivolité, leur exaltation, leurs chimères qui préparent si mal aux réalités de la vie.

Cultive le bon sens avant tout ; la vive imagination de ta sœur y saura faire pousser de charmantes idées.

Quant à la géographie, dès qu'un évènement a signalé un pays, fais le suivre sur la carte ; la vue fixe la mémoire et double l'intérêt.

Il faut aussi proportionner la nourriture intellectuelle à l'âge de la jeune fille, et à la force de l'intelligence qui la reçoit; commence par des abrégés bien faits.

Le pauvre Grand Dauphin, élevé par Bossuet, m'a toujours inspiré une pitié profonde. Victime du génie de son maître, il éprouvait chaque soir une indigestion intellectuelle, et l'horreur des livres devait lui rester toute sa vie.

L'essentiel, pour l'étude, est d'en conserver l'appétence, d'en exciter sans cesse le goût et, s'il se peut, l'enthousiasme.

Fais comprendre à ton élève que les difficultés se trouvent à l'entrée de toute science, que c'est la gloire de la volonté de passer outre, on en est vite récompensé; le chemin au début étroit, aride, s'élargit sans cesse; l'horizon s'éclaire et l'esprit goûte alors les joies infinies du voyageur découvrant une contrée inconnue.

Si tu veux que ta chère mignonne ait vraiment un esprit sérieux, ne favorise pas l'interminable correspondance entre jeunes amies;

tu ne peux l'interdire, mais continue à la voir et encourage chez ta sœur l'absence de prétention et de banalité. Du naturel, du naturel ! Qu'elle rende compte en peu de lignes, d'une manière gaie et aimable, de ses occupations et pensées présentes, sans phrases surtout.

En lui laissant sa manière de sentir et d'exprimer, dirige un peu sa plume; enlève à son style toutes ses béquilles, inutiles articles, conjonctions importunes, lourds adverbes, redites synonymes, etc. Peut-être restera-t-il peu de chose après l'émondage, mais il y aura toujours la jeune imagination, et cela suffit.

On écrit beaucoup trop de lettres, la vie intérieure s'évapore ainsi sans aucun profit.

On abuse aussi singulièrement de la parole; le silence réfléchi et studieux enrichit, et le parlage incessant nous énerve. Les femmes du monde, qui jamais ne restent une heure avec elles-mêmes, se dépensent en menue monnaie et perdent en causerie inutile toute leur vitalité de corps et d'esprit. Elles se déclarent toujours à bout de forces, rebondissent comme des balles élastiques, sont soutenues par des nerfs excités et ne produisent rien de sensé, de solide, de bienfaisant.

Je ne te dirai qu'un mot des beaux-arts, si laids en des mains inhabiles; je suis très frappée de l'abus qu'on en fait en général dans l'éducation de la jeune personne. Que de dépense de santé, de temps et d'argent pour exténuer les jeunes filles et arriver à leur faire détester ces arts dits d'agrément, qu'elles laissent de côté au premier acte de leur liberté.

Il faut pour les arts des aptitudes exceptionnelles afin de causer quelque plaisir à soi et aux autres ; et lorsqu'on n'en doit pas faire sa profession, il suffit de se contenter d'une légère teinture, d'un simple essai.

Ta Lucie n'aime ni le dessin, ni la musique ; sacrifie carrément le premier et, pour le piano, continue doucement, sans ambition, seulement pour rendre ta sœur capable de comprendre un peu les compositions des maîtres.

Des leçons bien plus importantes sont celles d'une bonne diction, d'une bonne lecture ; l'art de lire est un charme féminin trop négligé.

Tu lis très bien et d'une voix musicale; sois le premier professeur de Lucie, tâche de rectifier son organe nasillard, sa prononciation galopante. Exerce-la à une articulation lente, claire, ferme; cela obtenu, tu pourras animer sa diction par la couleur, la vie et l'expression des choses bien lues.

Un autre art qui complète l'éducation de la jeune fille est celui de la danse, d'un gracieux maintien, d'une souple gymnastique.

Lucie est encore dans cet âge ingrat de transition qui veut une transformation ; la chrysalide deviendra papillon ; pour cela, efface ces vilains gestes brusques et anguleux, tâche de les assouplir; fais observer à Lucie les délicieuses évolutions des enfants, des oiseaux, et, tout en restant naturelle, dresse-la aux mouvements gracieux et justes en rapport avec l'action.

Le charme et le pouvoir d'une femme peuvent

être grands si elle sait réunir l'harmonie du geste, de la voix, de la physionomie; si enfin la parole revêt une forme gracieuse et sympathique pour la personne à laquelle elle s'adresse.

Trop souvent de réelles qualités sont inappréciées parce qu'on a des manières déplaisantes qui choquent les yeux, une voix désagréable qui blesse les nerfs. Les créatures aimables qui contentent d'abord le regard et l'oreille sont bien près de contenter le cœur et de se faire aimer.

LA JALOUSIE

LETTRE XXII

Tu découvres avec effroi que ta chère petite sœur est jalouse; elle si bonne, si aimante, devient inquiète, ombrageuse, injuste.

Tu n'attacheras jamais assez d'importance à cette disposition, source des plus grandes amertumes, parfois des plus grands malheurs.

N'attaque pas avec délicatesse cette terrible passion; généralement les jaloux sont sur eux-mêmes d'une cécité absolue. Il faut donc opérer sans timidité et ne pas craindre de mettre sous les yeux de ta chère enfant des images saisissantes, même brutales de ce funeste sentiment. Dis-lui que depuis Caïn tous les jaloux sont des assassins qui cherchent à tuer chez les autres la paix et la joie, souvent plus précieuses que la vie,

Les vulgaires voleurs, dérobant de vulgaires monnaies, sont moins coupables que les envieux cherchant à voler aux heureux leur part de bonheur.

Le trésor de l'affection, des belles affections, est le plus précieux de tous et doit nous être sacré. Chaque créature a droit à sa part d'estime, de bienveillance, d'amitié, ce vrai pain du cœur. La Providence y pourvoit, et nous devons respecter ses décisions, cela est de stricte justice; nous ferons plus si nous aimons Dieu, nous chercherons à préserver le trésor d'autrui, l'entourant d'un rempart de dévouement afin que les autres n'y touchent pas.

Mais pour nous élever jusque-là, commençons par chasser l'égoïsme; ne pas vouloir tout pour soi, tout attirer, tout captiver, tout accaparer; laissons vivre et respirer ce cher prochain.

Dis aussi à ta sœur que les cœurs jaloux sont les moins aimés parce qu'ils ne sont plus chrétiens et aimables, mais transformés par la passion en cœurs tyrans et païens.

Fais comprendre à Lucie qu'elle reçoit plus que sa part, qu'on est très généreux à son égard et que, si elle veut récolter une joie assurée, qu'elle ouvre la main pour donner, non pour recevoir.

Qu'elle sache aussi que la jalousie n'est pas une arme qui blesse seulement l'adversaire, mais une épée à double tranchant, un serpent à deux dards qui lance le poison sur soi-même d'abord, et sur la personne enviée, parfois moins atteinte que le cœur criminel ; je dis criminel, devant Dieu il l'est certainement, et par là même très malheureux.

Combats donc avec énergie cette disposition, écrase le serpent dans son œuf. Enfin tâche d'imprimer le sentiment contraire, d'exciter sans cesse la générosité.

Fais ressortir devant ta sœur le mérite des

autres jeunes filles : admirer une compagne, une rivale, lui serait une ascension.

Dans les concours, lors même qu'il y aurait partialité, ne le relève pas, fais taire toute plainte ; habitue ta sœur à supporter bravement les décisions du sort, sans jalouser les plus favorisées.

Poser en victime à l'âge de Lucie, où toutes les floraisons joyeuses s'épanouissent, serait un ridicule, une ingratitude.

Qu'elle n'envie pas les succès faciles, mais sache les conquérir difficilement : « L'avenir est aux persévérants. »

Quant aux ombrages du cœur, au désir d'être la plus aimée, dis-lui d'être la plus aimable, sans compter jamais la monnaie qu'on lui rend.

J.-J. Rousseau, interrogé sur ceux qui étaient les plus aimants, des cœurs jaloux ou de ceux qui ne l'étaient pas, répondit : « Les cœurs jaloux aiment davantage, mais les autres aiment mieux ». Ce n'est qu'à demi vrai, comme toutes les maximes philosophiques privées de la lumière divine. Les cœurs jaloux commencent par se préférer à tout et veulent tout absorber. C'est une forme de l'égoïsme, et la plus dangereuse, car l'égoïsme solitaire est un défaut passif, cherchant son bonheur en lui-même, et la jalousie, un égoïsme volcanique lançant feux et flammes contre ceux qui, traversant son chemin, lui paraissent obscurcir son soleil et, à tort plus qu'à raison, prendre sa part de succès ou de bonheur.

AMABILITÉ, RAILLERIE

LETTRE XXIII

Ta chère Lucie a été la benjamine, la préférée, la choyée; prends garde, amie, à sa personnalité croissante ; fais-en une femme vraiment aimable, c'est-à-dire le rayon de joie qui ravit tous les yeux.

Oh! que l'amabilité est facile à la jeunesse, on lui demande si peu! Une prévenance, une caresse est reçue comme une fleur précieuse, la grâce parfume ses moindres bontés et les pare d'un charme printanier ; mais, pour atteindre ce but, il faut que la jeune sœur soit bien persuadée de son infériorité et de la nécessité de se conquérir les bienveillances.

Fais-lui comprendre qu'elle est inférieure par l'âge, l'ignorance, la faiblesse, l'inexpérience ; dépendante de tout et ne possédant rien, ni fortune, ni science, ni vertu éprouvée, enfin aucune position sociale.

Elle doit avec grâce et modestie implorer les secours et les dévouements de tous et savoir leur être soumise. Plier, céder, jeune fille quand elle a tort, et femme lorsqu'elle a raison, est un devoir essentiellement féminin.

Pour les domestiques, qu'elle ait une politesse aimable ; elle n'est pas chargée de les reprendre, mais de les remercier ; avec les supérieurs, parents, maîtres, vieux amis, une reconnaissante déférence. Persuade-la que rien ne lui est dû, ou bien peu de chose.

Quant à ses distingués professeurs, l'argent ne paie qu'une faible partie de leurs conseils, la gratitude de l'élève devant acquitter le reste.

Il est salutaire à tout âge, et combien plus dans la jeunesse, de sentir notre petitesse devant les vraies supériorités. Admirer au-dessus de nous ce qui vaut mieux que nous, est le début de la justice et de la véritable amabilité.

Les jeunes filles modernes sont tellement adulées qu'elles ne peuvent moins faire que de surpasser le culte qu'on leur rend ; on les traite en idoles, elles se croient déesses et bien au-dessus de leur indulgent entourage.

L'adoration qu'elles ont pour elles-mêmes leur enlève l'enthousiasme naturel qu'elles éprouveraient pour ce qui est noble, vertueux, élevé. Si l'on veut voir les mérites d'autrui et en jouir, il faut éteindre l'encensoir de notre amour-propre, dont l'épaisse et malsaine fumée nous voile tant de belles choses !

On dit la politesse inconnue sous la République, les mœurs égalitaires l'ont exilée. Eh bien ! fais revenir à ton foyer cette aimable princesse. Sous ce rapport, amie, aie le courage d'être réactionnaire pour toi et les tiens ; donne l'exemple d'une parfaite courtoisie ; cède ta place en voiture, à l'église, aux personnes âgées ou souffrantes, habitue ta sœur aux légers sacrifices qui font la trame ordinaire des jours.

Si tu veux rendre ta Lucie vraiment aimable, ne lui permets pas la raillerie ; elle si sérieuse, si réfléchie, devient bavarde, ironique, et pourquoi ? Son amie choisie l'est extrêmement et, pour l'intimité, il faut absolument chanter en duo.

Cette petite Cécile a un bien mauvais esprit, et j'ajoute un esprit très inférieur à celui de Lucie. Je ne puis comprendre l'attrait de ta sœur pour cette étourdie, qui ne cherche des autres que le côté drôle et même grotesque.

A part les philosophes du crayon ou de la plume, descendants de Molière, qui soulignent les ridicules pour les corriger, les moqueurs de salon sont des esprits légers, frivoles, qui, n'ayant rien d'élevé dans l'esprit, cherchent à avoir la faveur du public en l'amusant.

Détourne carrément ta sœur de cette sotte amitié qui ne doit être qu'une relation tout extérieure. Dis-lui que Cécile est plus ridicule que tous ses moqués, avec son rire niais, ses regards curieux et pointus, ses gestes faux sans harmonie avec la parole ; que surtout elle manque de cœur lorsqu'elle raille sans pitié les infirmités inévitables à l'humanité, qui peuvent nous atteindre tous et que nous devons respecter comme tout mystère de douleur.

Fais comprendre à ta sœur que les affligés dans leur âme ou dans leur corps ont une dignité que nous ne possédons pas ; ils portent une décoration céleste que nous devons saluer dans notre cœur de chrétienne.

Il faut absolument courber le cœur de Lucie et sa jolie tête si tu veux en faire une aimable aimée, et que cette pose inclinée va donc bien à son âge !

VOYAGES, MALVEILLANCE
SOCIABILITÉ

LETTRE XXIV

Te voilà vraiment bien à plaindre, petite amie, parce que, sortie de ton intérieur, où tu es si appréciée et presque trop aimée, tu arrives pour la première fois dans un milieu étranger où se trouve plus de malveillance que de bonté. Que veux-tu ? On s'ennuie terriblement dans les villes d'eaux, et d'autant plus qu'on y venait pour s'amuser. Faute de mieux, on se récrée aux dépens d'autrui !

Toi, amie, tu y viens remplir un devoir filial, ayant laissé à la bonne maman ta mignonne sœur avec tes frères.

Et te voilà dans un grand hôtel, gênée par deux cents regards inquisiteurs ! Ton père, comme tous les hommes, s'enfuit d'un vol empressé; tu es laissée seule, sans mère, sans mari, on t'observe, les commentaires vont leur train, et chacun de lancer sa malice pour montrer son esprit.

Faire rire, dans le monde, est un succès fort délectable, paraît-il. On se moque de ta toilette un peu démodée, de ta tournure un peu provinciale, de tes manières un peu gênées.

Si tu as des égards pour les dames âgées, on rit de ton zèle; si tu parles d'une façon intéressante, on te trouve prétentieuse; et si tu gardes le silence, on t'accuse de bouder; j'entends cela d'ici, et tu es trop fine, trop délicate pour ne pas comprendre à demi-mots, et deviner le reste.

Mais enfin, chérie, pourquoi souffrir de si peu de chose ? ne sais-tu pas qu'il faut toujours être critiquée ?

Ce sont des passants dans ta vie que tu ne

reverras plus demain. En attendant, frappe sur ta sensitive pour la fortifier, ranime ton courage pour être quelqu'un. Modifie un peu ta nature, et rassure-toi ; les esprits réfléchis comme le tien ne s'emballent pas, et restent maîtres du terrain.

Mais prends nettement ton parti des jugements téméraires, faux ou méchants, qu'on portera sur toi; c'est l'humaine condition sociale, et surtout attache peu d'importance à plaire ou à déplaire; les suffrages d'autrui se doivent obtenir sans sacrifices.

Sois bienveillante, toujours polie sans excès et, pour ces inconnus, prête-toi sans te donner.

Songe qu'on ne t'offre que du cuivre, sans compter la fausse monnaie qui circule tout le temps ; ne prodigue donc pas l'or en échange.

Tu es confiante, aimable, et très étonnée de recevoir le contraire de ce que tu donnes. Moi je suis enchantée de te savoir lancée dans cette petite guerre qui te dévoile un nouveau côté du monde, et les manœuvres de l'ennemi.

Observe combien on respecte les impertinents, les orgueilleux qui semblent imposer le sentiment de leur valeur. Je ne te conseille pas cette forme peu seyante aux jeunes filles, mais fais désirer ta société à ces oisifs qui ne veulent que se distraire.

Dans les réunions nombreuses, il se forme des courants d'hostilité, venus on ne sait d'où, et pour des motifs impalpables. Peut-être une personne qu'on a oublié de saluer, une légère maladresse, ou seulement parce qu'on est pris pour cible de moquerie désœuvrée et de sotte gaîté ? Le moyen certain de faire cesser cette malveillance sans cause, est de ne pas paraître la comprendre ; ces niaiseries ne peuvent l'atteindre. Crois-moi, amie, la girouette bientôt tournera en ta faveur, un courant contraire s'établira, tu n'en seras pas plus fière et n'oublieras jamais que tu marches sur un terrain mouvant ; reste attentive à tes pas, et pèse chaque parole.

Ne te livre pas à tes adversaires ; la naïveté, la confiance ne sont pas des fruits de table d'hôte.

Et maintenant, quelle félicité de rentrer chez toi où tous sont tes amis, bêtes, gens et choses !

Tu as le bonheur de mieux comprendre la valeur de ton foyer, et que je plains ceux qui n'apprécient pas leur demeure !

Les paysans aiment leur cabane, leur cahute, le petit champ ou l'humble jardinet qui leur appartient, et tu constates avec moi qu'une personne riche comme ta cousine, entourée de tout le luxe, le bien-être possible, prend en dégoût tous ces bienfaits, ne demande qu'à sortir de chez elle et surtout d'elle-même, hélas ! C'est que la pauvre jeune femme n'a pas eu l'idée de meubler, d'enrichir son esprit, qu'il n'a aucun aliment à lui offrir, et qu'après avoir tourné dans le vide, elle sort pour trouver n'importe quoi.

Il en va de même pour cette manie de voyage perpétuel, de locomotion incessante ; cette désertion du saint foyer fait perdre le goût du travail et du devoir. Un peu de vacances fait du bien et renouvelle les impressions ; si la récréation passe en habitude, cela désagrège toute la vie.

Mais avec ton bon jugement, le contract blessant des étrangers n'aura pas été inutile, tu garderas désormais le meilleur de toi-même pour l'intimité et les gens de réelle valeur.

LA NATURE

LETTRE XXV

Je ne m'étonne pas, petite amie, que tu jouisses peu de la campagne.

La jeunesse a son rossignol dans la tête, son soleil au cœur et sa verdeur en tous ses membres. Elle n'est qu'en communion extérieure avec la nature, l'intimité vient plus tard.

Lorsque tous les dons passagers nous quittent, nous cherchons une sorte de rajeunissement dans le contact des fraîcheurs qu'elle nous offre.

La nature qui, à chaque printemps, redevient jeune fille, nous invite à nous pénétrer d'elle-même, pour renouveler nos forces ; à nous plonger dans ses eaux bienfaisantes, à nous purifier par son air délectable, à nous pénétrer de ses parfums alpestres.

L'esprit, comme les organes, ne demande qu'à se ranimer. — Plus on avance vers la fin, tu connaîtras cela, mon enfant, plus on se rapproche d'instinct des choses vivifiantes. De ma fenêtre, en t'écrivant, je vois mon vieux voisin, le père Martial, qui n'a plus rien de guerrier, hélas ! Il dirige ses béquilles vers un rayon de pâle soleil, lève sur le ciel clair ses yeux obscurcis et touche de ses doigts tremblants les feuilles et les fleurs, comme pour leur dérober leur secret d'éternelle jeunesse ; il a l'espoir attendrissant de se ranimer par ce doux contact et cette dernière communion avec les biens de ce monde.

Il y a aussi une secrète analogie entre la fin du jour et la fin de la vie ; les plus frivoles goûtent la paix du soir, cette large harmonie qui supprime les détails, fond dans une masse imposante les couleurs violentes, appaise les bruits discordants, voile les choses déplaisantes ;

enfin cette auguste sérénité, où plane la religieuse voix de la nature, impressionne même les indifférents. Tous respectent ce moment presque divin où la lumière, avant de disparaître, donne ses plus beaux rayons en appelant le cœur de l'homme, du vieillard surtout, à faire rayonner lui aussi son action de grâces.

Quand nos bien-aimés ne sont plus, que les autres humains nous ont abreuvés de déceptions, que les amertumes ont plu sur nous, envoyées de tous les points de l'horizon, allons nous reposer près de notre première mère, réfugions-nous à l'ombre de la maternelle consolatrice, qui ne manque à personne.

Laissons passer ses éléments réparateurs dans nos membres fatigués et la reconnaissance en nos âmes pour Celui qui les a créés ; car enfin la terre et ses fruits savoureux, la nature et ses infinies beautés, tout cela est à nous ; toutes ces merveilles ont été formées par le Père Céleste pour la subsistance, la guérison et l'enchantement de son ingrate créature !

EGOÏSME, ISOLEMENT

LETTRE XXVI

Ta vieille tante m'inspire une grande pitié, mon enfant, non seulement par ses infirmités, mais surtout par ses défauts.

Elle crie bien fort contre son abandon et la dureté de tous, mais est-elle si tendre pour les autres ?

Elle peut à peine profiter de sa belle fortune qui lui donne mille soucis.

Les jouissances d'autrefois sont devenues de lourdes charges et elle entasse et thésaurise; son avarice la courbe vers la terre avec des terreurs folles de la mort.

Cependant elle est intelligente, capable de certaines affections, pour toi spécialement; profites-en pour la sortir de son égoïste fossé.

Il n'est qu'un moyen pour elle de jouir encore un peu des biens de ce monde, c'est d'en offrir aux autres; elle en sera allégée d'autant, et la joie qu'elle donnera éclaircira sa triste vie.

Jeunes, nous éprouvons le désir de partager nos idées, nos impressions; vieux, nous avons l'impérieux besoin de nous refléter en d'aimables yeux, de tirer de notre grenier d'abondance quelques gerbes utiles au prochain; enfin, les personnes âgées ont le naturel attrait de se prolonger en d'autres êtres, de se survivre en quelque manière.

Ta pauvre tante n'a pas d'enfants, il lui faut forcément trouver des éléments qui la complètent. Elle va seule au spectacle, au concert, aux musées, et avoue s'y ennuyer profondément, je le comprends. Puisque la Providence a placé sur sa route cette charmante orpheline, cette petite Marthe toute fraîche aux impressions, toute neuve à la vie, qu'elle lui fasse voir et entendre le beau, elle se grisera de la juvénile ivresse ; qu'elle se donne le luxe d'amuser la jeune fille, de regarder ses yeux ravis, son sourire enchanté, « la jeunesse se gagne », comme dit encore Legouvé, le souffle printanier chassera les idées sombres, et si la chère dame pensait aussi aux misères de tous genres qui sollicitent son dévouement, elle se sentirait vraiment riche de l'heureuse liberté de faire des *consolés*.

Le travail, en général, demande la solitude ; il exige l'effort individuel, payé par une satisfaction légitime. Le plaisir, au contraire, est une récréation sociable, une expansion de la vie qui demande nos semblables pour partenaires ; plaisir partagé, dit le proverbe, double de prix.

S'il faut un écho à nos impressions tristes, nos joies le réclament d'une voix sonore. A la longue, le *silence intime* au milieu des distractions retombe sur nous d'un poids accablant.

Les jouissances égoïstes, solitaires, ne peuvent nourrir l'âme et la laissent débilitée, appauvrie.

La vraie joie a le cœur pour soleil, et n'est complète que lorsque les rayons viennent de ce doux foyer.

JOUR DE RÉCEPTION
VISITES INTIMES

LETTRE XXVII

Il te faut recevoir à ton tour, aimable amie, et subir de bonne grâce les servitudes sociales.

J'ai longtemps habité Paris et sais combien sont rares les intimités vraies, les sympathies du cœur et même celles de l'intelligence.

Résigne-toi donc à entendre force banalités, à écouter un parlage incolore, insipide, vide d'idées et de sentiments. Regarde alors les visiteuses à travers la charité chrétienne. Les regards *bienvoyants* observent mieux que les autres, ne mettent pas en défiance et connaissent, s'ils le veulent, le fond des cœurs.

Avant tout, essaie de te former un bon cercle. Examine les personnes dont on te parle avant de t'avancer, montre-toi difficile, pour être constante après un heureux choix. Que tes examens soient paisibles et voilés, pas de trompettes, je t'en prie.

N'admets chez toi que des femmes honnêtes et vraies, écarte les personnes louvoyantes et sans droiture ; tu n'es pas de force à lutter contre elles, et tu aurais les plus grandes déceptions.

Avec Dieu seul on peut aller largement sans rien mesurer ; pour les créatures, le calcul et la prudence sont indispensables, même dans l'expression des sentiments les meilleurs.

Mais que tes relations, une fois admises, trouvent chez toi une brave indulgence et une parfaite sécurité. Couvre-les de ton pavillon et ne permets à leur départ aucune critique.

Défauts et ridicules sont, hélas! nos vêtements journaliers, à la mode de toute saison et de tout temps. Pensons que nous portons comme les autres nos singularités. « Chacun rit de son frère », dit l'Ecriture Sainte, « tous sont blâmés », dit le fabuliste ; peut-être méritons-nous tous de l'être ; seulement, n'oublions pas que notre imperfection nous dépouille de la robe de juge. Quand serons-nous persuadés de cette vérité qui nous épargnerait tant de jugements téméraires et malfaisants ?

Ne tolère donc pas les malices ; toi si bonne, arrête-les au passage par une parole gaie et décisive. Sois l'avocat d'office de tous les absents.

Tâche de donner à la conversation une impulsion générale et généreuse qui élargisse les pensées et puisse intéresser tout le monde.

L'esprit d'une maîtresse de maison consiste à en souffler aux autres. Interroger finement, des yeux, du geste et de la voix, prêter une flatteuse attention, fera dire à chacun ce qu'il sait de mieux.

Sois bienveillante à tous ; la bienveillance est quelque peu fée, elle sait faire sortir des lèvres d'autrui perles et diamants, et la bonté est une couronne si seyante à la femme que, même par coquetterie, elle devrait s'en parer.

Dans le tête-à-tête de l'intimité, c'est différent ; tu ne peux empêcher les confidences et les plaintes, ton cœur saura les adoucir ; mais il est une règle absolue avec laquelle on évite tous les ennuis : *De tout ce que tu entends, ne répète jamais que le bien.*

Abuser de l'abandon, de la confiance, est une platitude, une lâcheté, une trahison, c'est armer des frères les uns contre les autres ; tu en es incapable, prudente petite amie, parce que, quoique femme, tu n'es jamais pressée de parler ; mais fais éviter cet écueil à ceux qui t'entourent.

Qu'on sorte de chez toi apaisé et satisfait, ayant déposé son fardeau en mains sûres ; ce sera ta récompense des heures données à tes relations intimes.

Pour les réceptions de ton lundi, contente-toi de distraire aimablement par une douce gaîté ; le tact t'indiquera le sujet agréable à tous ; le tact est un sentiment plutôt qu'une science, le sentiment de la mesure, il observe mais devine plus encore, c'est l'art exquis consistant à toucher juste sans blesser jamais. Nous sommes tous apôtres, et sans prêcher au salon, ce qui ferait sourire, tâchons qu'une divine charité sorte de nous, pour embaumer ceux qui nous approchent.

AMITIÉ
AFFECTIONS DÉTACHÉES

LETTRE XXVIII

Lorsque les illusions de la jeunesse sont passées, il reste aux chrétiens la divine flamme de l'espérance qui jamais ne s'éteint, et la belle amitié, consolatrice réelle, toujours obtenue par ceux qui la méritent.

Mais tu es trop jeune, ma fille, pour la goûter pleinement ; la souffrance doit amener l'âme à une complète maturité pour jouir tout à fait des joies de l'amitié, joies d'une nature délicate et réservée.

Ce sentiment doit être non seulement d'une entière pureté, d'un parfait désintéressement, mais encore sortir d'un cœur fier et détaché, qui ne réclame rien, ne souhaite rien que de se donner. C'est au-dessus de la nature, me diras-tu ; oui, mon enfant, c'est pourquoi l'amitié parfaite appelle Dieu en nous, pour y mettre le principe d'une immuable *fidélité*.

Selon le vœu providentiel, nous devrions être tous amis, c'est-à-dire instruments du bonheur les uns des autres. Il est cependant des attraits particuliers, des sympathies spéciales dont la vie de Notre-Seigneur nous donne les plus suaves, les plus touchants exemples : laisse-toi donc aller avec mesure aux tendres impulsions de ton cœur ; mais, pour t'éviter d'amères déceptions, aime sans grand espoir de retour.

Le cœur humain qui, en général, est un drôle de sire, apprécie peu ce qu'on lui offre, repousse le sentiment qui s'élance, l'appui le plus nécessaire, l'affection même lorsqu'elle se montre sans toilette et sans art. Le cœur, trop souvent, n'a de désirs, d'ardeur, de convoitise, que pour ce qui est mesuré, refusé, retiré. Il n'attache de prix qu'aux choses difficiles à obtenir, lors même qu'elles ont peu de valeur.

Le fruit défendu était sans doute le moins bon, mais il était *défendu*, attrait sans pareil !

C'est pourquoi, jeune amie, même dans les affections familiales, ne montre pas aux tiens toute l'étendue de ta tendresse et sa solidité. Cache bien à tes frères ta maternelle générosité, ils en abuseraient. Laisse-leur désirer, conquérir ce doux trésor de l'affection que la reconnaissance doit sans cesse augmenter.

Quant à ton plus jeune frère, fais attention à ne pas *l'absorber* ; ce cher enfant te doit beaucoup ; ton dévouement lui a sauvé la vie, sa frêle nature, sa santé chancelante avaient besoin d'être soutenues, tu as pourvu à tout, réparé tout, les efforts, ajoutés aux siens, lui ont fait rendre sa place au collège et il a pour toi cet enthousiasme passionné que sa nature tendre et faible développe sans mesure. A toi, ma sage amie, de mettre des bornes à ces exaltations.

Pour le bien même de nos aimés, de nos préférés, voilons notre affection, modérons nos élans, et nos actes dévoués n'en seront que plus efficaces.

Voilà le sermon de ta sœur prêcheuse, mon enfant ; maintenant, faut-il laisser la parole au jeune cœur qui bat toujours dans ma vieille poitrine ? Il t'avouera qu'il te faut plus encore ; en dehors de ta chère famille, je comprends ton besoin d'une amie de même âge où tu te sentes reflétée et comprise. Tu as soif, mon enfant, des intimités de l'esprit, des intimités du cœur, auprès desquelles tout ce qui est extérieur paraît froid, sans couleur et sans vie.

« L'amitié trouve des égaux ou les fait », dit Sénèque ; cette tendre sympathie, cette communion des idées et des sentiments existent donc en dehors du rang social et de tout calcul. Elle double notre vie et ses impressions ; elle fait plus et rend nos fardeaux supportables en les partageant.

Mettre en commun joies, peines, combats, victoires, tout ce qui fait le bonheur ou le mérite du temps, voilà l'amitié chrétienne. Un cœur qui se donne à vous, quel trésor, quelle fortune ! Comme on se sent riche, fort, indépendant avec cette possession, cette flamme dont les rayons affectueux nous pénètrent, comme les rayons de soleil pénètrent la terre pour en faire sortir les plus beaux fruits. Si tu peux rencontrer une amie véritable, concourir avec elle au même but, marcher d'un pas égal dans la vie, avec un point d'appui, tu auras atteint l'idéal des joies de la terre.

Archimède disait qu'avec un point d'appui on pourrait soulever le monde ; avec une amitié parfaite, on peut du moins surmonter toutes les difficultés, toutes les épreuves de l'existence. Mais elle est chose divine, ma pauvre chérie, c'est à Dieu qu'il appartient de la faire naître et de la développer. Les âmes amies ne se cherchent pas, ne se trouvent pas ; elles viennent à nous par des courants mystérieux, providentiels, qu'il faut bénir. L'unité de vues et de sentiments est chose si rare sur la terre qu'il y a un bonheur indicible à en vivre.

J'espère que Mlle Louise réalisera tes espérances ; mais attends qu'elle soit à Paris ; l'amitié naît difficilement par correspondance : la parole est au cœur ce que la lumière est aux yeux, la musique aux oreilles : un océan de nuances que l'écriture ne rend jamais.

Ta Louise me semble faite pour une noble amitié et ton cœur aurait des merveilles à lui offrir.

Laisse-moi terminer, mon enfant, par cette pensée d'un orateur célèbre : « Lorsque l'amitié a mêlé et fondu deux êtres dans l'union angélique et sacrée, le secret de la vie est trouvé pour eux, ce ne sont plus que les deux ailes d'un même esprit. Soyez donc l'une à l'autre votre Paradis. Aimez, planez !

VOLONTÉ DE FEMME

LETTRE XXIX

Ma chère et bien-aimée fille, c'est le moment d'être la femme forte et l'appui de tous. Ton pauvre père, quoique si bon, est un caractère faible; tes frères entrent dans la période orageuse et ta charmante sœur, dont l'esprit flotte encore, te donne bien des soucis. C'est l'heure de la bataille, l'heure de la vaillance. Lance-toi donc avec courage et sois assurée qu'avec l'aide de Dieu et ta volonté, tu viendras à bout de tout.

La persévérance est la force des faibles et une force presque toujours victorieuse.

Observe combien les mères, devenues veuves, savent se tirer d'affaire, même sans fortune, elles élèvent leurs enfants à merveille, et, comme ils ne sont pas gâtés, ils deviennent fermes et laborieux. Inutile, je crois, de te rappeler que les hommes veufs et pères sont noyés lorsque la mère, la *boussole domestique*, vient à manquer et que tout alors marche à la dérive.

Les hommes ne sont pas faits pour les luttes familiales, pour l'éducation des enfants et, en général, s'y montrent d'une faiblesse déplorable.

Seulement, jeune amie, pleine encore d'illusion et d'enthousiasme, ne compte pas trop sur les appuis humains ; ceux qui paraissent les plus solides se brisent par la mort ou s'évanouissent par l'égoïsme.

Toutes les perches se tendent vers la jeunesse, par attrait d'abord, par calcul peut-être ; dans la maturité, rien ne s'offre à vous, et les appuis sollicités se dérobent. Prends-en bravement ton parti.

Le dévouement dans ta vie sera désormais une exception, un accident, tu l'accepteras comme on jouit un instant de l'ombre d'un arbre sur une route aride.

Ne compte donc que sur toi, aie confiance dans ta puissante *volonté* et développe-la chaque jour. La grande erreur est l'idée de pouvoir s'arrêter, après un coup de collier, de cesser d'agir, comme si la lutte, le travail et la souffrance n'étaient pas les nobles châtiments imposés et la condition même de notre existence.

Le foyer sera ton champ de bataille, tu y recevras de nombreuses blessures et tu seras forcée d'en faire quelques unes ; mais pour avoir la paix, il faut savoir faire la guerre.

« *Ce que femme veut, Dieu le veut* » parce que la femme est patiente, et comme la douce Providence elle sait attendre l'heure de passer, l'heure de vaincre. « Ce que femme veut, Dieu le veut ». La femme est courageuse et remonte à l'assaut jusqu'à la victoire. « Ce que femme veut, Dieu le veut », parce que, le plus souvent, une volonté de femme est la volonté d'un cœur bienfaisant. « Ce que femme veut, Dieu le veut », parce que la femme chrétienne sait prier, et, comme Jeanne d'Arc, sa prière est triomphante.

POLITIQUE

LETTRE XXX

Le mot de politique, chère enfant, qui te cause tant d'effroi, flambe aussi devant mon regard et me semble écrit en lettres de feu.

Il contient aujourd'hui tant de haine, qu'on n'ose toucher à ce brûlant tison. A peine quelques mots prononcés, la bonne éducation s'éclipse et les hommes bien élevés échangent les plus graves injures ; les menaces de mort sont dans l'air, et qui sait, les pires désastres, les plus abominables crimes peuvent être la triste conséquence de ces drames patriotiques, tenant aux racines de la vie et où chacun se croit maître de la vérité.

Quel est le rôle d'une femme, d'une jeune fille, dans cette terrible guerre des consciences et des intérêts? Apaiser les violences, éteindre les incendies, tenant toutefois le flambeau pour éclairer les convictions.

Tu le sais, chère amie, j'ai des idées très fermes en politique et en religion ; malgré cela, il ne s'est jamais trouvé de pierres dans mon sac, pas même de cailloux pour jeter aux gens d'opinions contraires.

Dieu merci, les mains des femmes ne sont pas encore destinées à tirer les coups de fusil, pas plus que leur langue et leur plume ne doivent lancer de flèches. Partant de ce principe, ne blesse jamais, ma douce fille.

La discussion ne sert, en général, qu'à enfoncer les clous de chaque côté et à raffermir chacun dans son opinion.

Mais si tu as quelque chance de faire passer deux grains de vérité, laisse parler l'adversaire, sache attendre, quels que soient tes bouillonnements intérieurs, réponds en paix, sans aigreur, sans passion, mais avec force et clarté.

Présentement, on s'emballe de chaque côté avec une violence qui dépasse le but. On s'est insulté, on s'abomine entre personnes faites au moins pour s'estimer.

Tiens-toi un peu à l'écart de la mêlée, gravis la montagne, amie, il faut *s'élever*, s'élever, cela seul peut te calmer et te donner le pouvoir de calmer les combattants.

RELIGION, TOLÉRANCE

LETTRE XXXI

Te voila fâchée avec ton vieil ami, mon enfant, et je le regrette doublement parce que les torts viennent de ton côté. Défie-toi, la jeunesse est intolérante, parce que son horizon est borné et ses appréciations absolues. Avec les années, lorsque tu auras vu les meilleurs se tromper, tu comprendras qu'il faut être sobre de blâmes, surtout lorsqu'il s'agit de croyances.

Ton excellent ami reste dans l'incrédulité parce qu'il dirige ses regards vers un point de vue faux et compliqué.

La religion est faite pour l'humble enfant qui

ne sait pas lire, ainsi que pour le grand savant. En général, c'est le plus ignorant qui accepte le mieux la vérité, parce qu'il ne cherche pas à y mettre du *sien*.

Tâche de te faire pardonner tes jeunes ébullitions, tes dures intolérances; essaie après cela de résumer pour ton pauvre ami ces quelques idées très simples :

Savoir d'où l'on vient, où l'on va, connaître le but de la vie, régler ses désirs et ses actes d'après les lois divines, *voilà le portrait du croyant;* c'est aussi celui d'un *caractère.*

Les mondains s'imaginent que la piété est l'amoindrissement, l'effacement du caractère, parce qu'elle dompte les mouvements de la nature, mais ce n'est qu'en résistant aux caprices, aux mobilités, aux passions, qu'on devient quelqu'un.

La crainte de Dieu est la plus salutaire des craintes, parce qu'elle exclut toutes les autres ; de même l'esprit fort est le plus faible de tous les esprits ; il lutte seul, n'ayant pour allié que l'aveugle *athéisme* et prétend courir avec *les bé-*

quilles de sa raison. L'homme isolé avec son orgueil pour secours, quel être misérable et qui, forcément, finit dans l'impuissance et le désespoir !....

De la foi seule jaillit la force suprême, l'alliance avec le Dieu Tout-Puissant, Tout-Bienfaisant pour sa créature soumise.

Mais, te répond ton cher adversaire, n'a pas la foi qui veut. Quelle erreur ! La foi n'est pas un don comme le génie ou la beauté, elle est la récompense de l'humilité ; conseille-lui un acte d'humble obéissance, et la foi lui sera donnée par surcroît.

Si au lieu de déraisonner dans les obscurités d'un labyrinthe, il allait simplement vers la lumière guidé par le cœur, s'il lui laissait la parole le cœur lui dirait : Croire à l'amour de Dieu pour sa pauvre créature, et le Lui rendre, tout est là, et la loi entière tient dans ce doux précepte.

Après avoir sermonné ton vieil enfant, fais moi le plaisir de te rudoyer un peu. Ceux qui ont le bonheur de croire sont tenus à la tolérance autant que les clairvoyants à l'indulgence pour les aveugles. Ne ressemble pas à ces dévotes qui se croient parfaites, sans se douter même de la nature de la charité.

Je ne peux comprendre comment elles sortent de l'église, de l'entretien avec l'Amour infini, de l'intimité avec la suprême Miséricorde, le cœur plein d'aigreur, les lèvres pleines de fiel, les mains armées contre ce pauvre prochain à qui leurs critiques et leurs blessures causent une si douloureuse surprise, et qui n'aurait besoin, pour s'améliorer, que de bienveillance et de dévouement.

La foi est une richesse dont il faut faire part aux pauvres incrédules avec délicatesse, comme toute aumône, et toujours en honorant celui à qui l'on donne.

Et pour conclure, mon enfant, fais pénitence en réservant ton intolérance seulement pour les *intolérants*, pharisiens qui, depuis vingt siècles, renient l'Évangile à chacune de leurs paroles.

LE SUICIDE

LETTRE XXXII

Je m'associe, chère enfant, à tes sollicitudes, à tes anxiétés pour ton vieil ami.

Hélas ! lorsque nous n'avons plus de boussole, nous allons fatalement vers l'abîme de la désespérance.

Ton pauvre athée ne peut plus supporter ses souffrances physiques et surtout ses douleurs morales ; il veut en finir avec la vie et pense vraiment avoir le droit d'en disposer. Cependant notre existence est un *dépôt sacré* et nous ne pouvons sans déshonneur en faire banqueroute à Celui qui nous l'a confié.

Depuis quand ne sommes-nous plus des *créatures*, c'est-à-dire des *êtres dépendants*. Oh ! oui, dépendants ! Des éléments d'abord, souvent nos ennemis naturels, du soleil qui nous brûle, du froid qui nous paralyse, de la pluie qui nous transperce, de la foudre qui nous anéantit ; et combien les merveilles de la science, ces miracles modernes, sont-ils menaçants pour la vie humaine qu'ils brisent à chaque instant !

Que dire maintenant de la dépendance où nous tiennent nos semblables par leurs malices, leurs jalousies, leurs cruautés, leurs tyrannies !

S'il est des êtres bons et qui nous aiment, la maladie nous les enlève. Eh quoi ! malgré notre orgueil, nous restons de misérables créatures dépendantes de tout : accidents, maladies, douleurs et mort !...

Ton pauvre ami le reconnaîtra sans peine. Ce qu'il ne voit pas, c'est qu'une autre dépendance nous console et nous sauve de toutes les autres, c'est la dépendance de notre Créateur, la noble sujétion d'enfants privilégiés vis-à-vis de leur

Père Céleste, leur Divin Roi. Sujets de la justice même, de l'amour même, comment pouvons-nous nous dérober à cet honneur ?

Notre faible cœur a reçu en naissant une si forte empreinte de l'amour de Dieu et du bonheur céleste qu'il en cherche la réalisation sur la terre jusqu'à la fin. Et c'est cette vie, promise à une destinée si heureuse, qui veut se détruire pour le temps *du mérite* et faire ainsi à son âme immortelle une mortelle blessure.

Chez le peuple, avec la négation religieuse, la vie humaine perd chaque jour de sa valeur, de sa dignité ; aussi voit-on les suicides se multiplier, non seulement chez les malheureux, mais chez les jeunes gens, les enfants qui devraient tant aimer la vie. C'est un affreux mystère ; on ne veut plus souffrir, même une légère contrariété et, par *lâcheté*, par mépris des lois divines et humaines, on supprime l'épreuve avec l'existence.

Mais qu'un homme intelligent et instruit comme ton vieil ami en soit venu à cette pensée criminelle, c'est navrant. Toutefois, ne perds pa courage, vaillante et pieuse enfant, sois assurée que tu tiens entre tes mains l'avenir de cette chère âme. Il t'aime et ne te résistera pas. Prie d'abord, et que la charité place dans ton cœur une ardente flamme !

Le pauvre monsieur souffre beaucoup, il faut que ta bonté surpasse ses épreuves pour en triompher.

VALEUR DE LA VIE
PRIX DU TEMPS

LETTRE XXXIV

Mon enfant, tu es ingrate, nous sommes tous d'affreux ingrats envers le bienfait de la vie. Pourquoi t'en plaindre, toi si comblée ? Certes, elle est dure pour beaucoup et réserve de cruelles heures à chacun ; mais, au total, c'est un voyage pour le ciel et qui, dans le parcours, ne manque pas d'agréments (1).

Avant la grande Révolution qui nous laisse, avec ses terribles souvenirs, les plus sombres

---

(1) Cherbuliez appelle gaiement la terre une délicieuse vallée de misères.

pressentiments, on était gai, de cette belle et lumineuse gaîté française, fortifiante pour le corps et l'esprit. On aimait la vie et la vie se faisait aimable pour vous plaire.

Aujourd'hui, nous sommes tristes, et mauvaisement tristes ; tu me diras que l'horizon est noir et les premiers plans assez laids, c'est juste ; mais si l'orage doit arriver, c'est l'instant de se fortifier par une vaillante gaîté.

Sois persuadée, amie, que nous pouvons presque toujours rendre notre vie belle et bonne. Aimons-la, bénissons-la, elle est le *Don divin* qui renferme tous les autres.

Si tu deviens juste envers l'existence, chère petite ingrate, tu apprécieras mieux le temps dont elle est tissée.

Le temps est un trésor placé entre nos mains, non pour le tuer bêtement comme font les inutiles, mais pour extraire de sa mine inépuisable : cuivre, or ou diamant, selon nos facultés.

L'ouvrier tire de son travail la nourriture de son corps et le riche la substance qui convient à son esprit. Nourris le tien de bonnes choses, je t'en supplie, et malgré ton avidité de progrès, cherche avant tout celui qui nous améliore.

Tu es fille de l'Idéal ; si la vie est une ascension journalière, tu seras soulevée par une impulsion heureuse qui entraînera aussi tous les tiens. C'est l'oiseau de haut vol, appelé vers les cimes. Cependant, il nous faut toucher terre, étant corps et âme. Pour les choses matérielles, tâche, ma chère enfant, d'arriver à l'activité dans la paix ; de l'ordre, encore de l'ordre, toujours de l'ordre : avec cela tu feras tenir beaucoup de choses dans peu d'heures.

L'organisation du temps est un art qui vient surtout de l'expérience ; que ton bon jugement supplée à ton jeune savoir pour régler ainsi les journées : devoirs d'état et de famille : veiller au travail, au bien-être de chacun ; devoirs envers toi-même : occupations diverses, progrès, recueillement ; devoirs envers les pauvres, les plus doux de tous les impôts et les seuls qui nous enrichissent.

Je sais que tu places en première ligne tes devoirs envers Dieu; je n'ai donc pas à t'en parler, sinon pour te rappeler que les autres obligations n'en doivent pas souffrir. Notre Père Céleste est le créancier le moins exigeant; quelques mots, quelques élans lui suffisent, pourvu que *l'entière volonté du cœur* soit avec lui.

N'exige pas que ta jeune famille apprécie comme toi le prix du temps ; la jeunesse croit avoir l'éternité devant elle parce qu'elle n'a encore touché aux limites de rien.

Quand, avec effroi, elle aura senti lui échapper les choses et les êtres sur lesquels elle comptait le plus, quand elle aura vu la mort de près et les accidents en foule, il lui faudra bien se hâter et saisir aux cheveux les circonstances pour tirer parti de la vie. Nous ne gardons ni le temps qui s'enfuit, ni la jeunesse et sa grâce, ni les joies les plus pures, il ne nous reste que le souvenir de nos justices et de nos générosités.

Mais le temps, si court qu'il soit, renferme toutes les richesses ; d'abord l'indispensable pain quotidien, le bien-être si nous sommes actifs, les trésors de l'intelligence, les progrès de l'âme, la douce joie d'être utile aux autres; au total, tous les biens pour le cher prochain et pour nous-mêmes.

Puisque le temps est chose si précieuse, ne le prodigue pas, Marie; écarte l'inutile et les inutiles; crains les désœuvrés comme la peste et les agités presque autant. Avec un heureux calcul, tu arriveras à tout, même à remplir les moments perdus, les attentes inévitables, par une bonne lecture ou un travail secondaire.

Tu contenteras ainsi ta belle conscience et le Maître qui nous accorde des minutes comptées, mais dont Il nous laisse l'entière liberté.

O temps ! notre plus grande fortune, libre arbitre, notre plus grand honneur, soyez nos deux phares de sécurité !

DÉVOUEMENT
DESINTÉRESSEMENT
VIEILLESSE

LETTRE XXXV

N'attends pas, trop délicate amie, que je te plaigne de tes fatigues, de tes ennuis.

Tu as les épines de toute charge, de tout gouvernement.

En revanche tu jouis de la douceur de te sentir nécessaire aux vies qui dépendent de la tienne, attendent de ta prévoyance un bien-être, de ton activité un secours, de ta tendresse une consolation. Enfin une collection de bonnes choses matérielles et morales leur viennent de toi, transmises par ton canal bienfaisant.

N'as-tu jamais été fortifiée par la pensée d'être

le point d'appui de tous les tiens? As-tu compris que ta disparition équivaudrait à une catastrophe comme celle d'une maison qui s'écroule? Il y a dans cette conviction de quoi payer bien des peines et reposer de bien des fatigues.

Que dirais-tu si, comme ta vieille amie, tu avais été dépouillée de tes proches affections, de ces dévouements intimes qui tiennent aux racines de notre vie? Si le soir, quand tu rentres, tu n'étais reçue que par des regards indifférents ou intéresssés? Si tu sentais que ta vie ou ta mort, ta joie ou ta souffrance n'importe à personne, et que tu peux disparaître sans laisser de regrets véritables?

C'est à ce moment qu'on paierait cher pour revoir un des êtres bien-aimés et lui dévouer toutes ses heures !.... Chante donc, heureuse enfant, l'hymne de la jeunesse, du bonheur d'être aimée et de te savoir aimer. Mais la terre n'a plus rien à donner aux vieilles gens ; on n'arrose pas les plantes défeuillées, et le monde refuse de payer les serviteurs inutiles.

Chez le riche et le pauvre, la vieillesse, prélude de la mort, est une décadence, une déchéance qu'il faut savoir bravement supporter ; se contenter de peu est devenu ma pratique favorite ; courbée sous l'humble poids des ans, un petit coin de ciel presque bleu, une minime attention presque aimable, voilà mes petites joies désormais. A la fin de ma vie j'accepte même les apparences heureuses, sinon je ferais fuir les oiseaux charmeurs.

Pour les vieillards, la moisson est finie, les glaneurs eux-mêmes ont passé, et pour avoir quelques rares épis de tendresse, de dévouement, où les trouver, où les acheter, où les *mendier*?

Je comprends la désolation navrante de certains vieillards ; leur tristesse comme la mer s'étend à l'infini, on n'en peut sonder la profondeur, et la terre promise, la terre de consolation reste invisible et ne se verra jamais plus ...

Le désintéressement est forcé, mais une fois consenti, la fin de la vie devient, comme l'automne, une saison, calme et belle. On n'y souffre plus des surprises, des grêles, des caprices du printemps, des terribles orages de l'été.

La vieillesse, de même que la nature, devrait se recueillir avant de mourir, donner son soleil le plus pur, sa chaleur la plus douce, et le charme infini des choses arrivées à leur maturité, à leur perfection.

C'est la vraie consolation des vieillards de dégager de la lumière, de la vérité, de la bonté. La vie extérieure est diminuée, l'action presque nulle, mais le foyer intérieur augmente d'intensité, et peut rayonner autour d'eux en divins effluves.

Toi, ma chérie, en pleine jeunesse, en plein mouvement, en pleine vie, sois vaillante, sois satisfaite, sois reconnaissante, et n'oublie pas l'aumône à ta vieille amie d'un affectueux souvenir.

DERNIÈRES PENSÉES
DERNIERS VOULOIRS
L'AVENIR

LETTRE XXXVI

Je ne voudrais pas t'attrister, mon enfant bien-aimée, mais je te dois la vérité. J'ai eu depuis quelque temps des syncopes et plusieurs accidents assez graves. Le danger n'est peut-être pas immédiat, cependant c'est le premier coup de cloche du grand départ ; j'ai le devoir de t'en avertir, toi la dépositaire de mes intimes pensées, toi qui réaliseras mes plus chers désirs.

Je quitterai la vie avec sérénité, non que je désire la fin de l'épreuve, ou que je refuserais de la prolonger ; mais s'il m'était offert de rajeunir pour revivre toutes mes douleurs, subir de nou-

veau tous les déchirements, tous les malheurs qui ont assombri mon existence, je supplierais la douce Providence de brusquer le dénouement. Peu d'humains aimeraient à repasser par leur chemin épineux où les courtes joies ne balancent pas les douleurs.

La vie est un bienfait puisqu'elle peut nous mériter le ciel, mais la fin en doit être reçue avec un filial abandon.

Néanmoins, pour la nature, le mystérieux passage de la mort est un moment terrible; la meilleure consolation, la plus réconfortante, est de se survivre par ses œuvres, bons désirs et salutaires pensées.

C'est une noble et légitime ambition que celle de nous continuer indéfiniment par la succession. *Succession!* mot qui, chez le notaire, contient tant de chicanes, et, dans les vues chrétiennes, est une chose si belle, si touchante, si providentielle !

Léguer ce qu'on possède, c'est se perpétuer par la donation, se continuer par la générosité, s'immortaliser par des traces bienfaisantes, faibles sillons ou monuments impérissables. Quelle lumineuse pensée!

Le passé ne nous appartient plus que par ses souvenirs, le présent est un éclair qui jaillit, un rapide qui passe, mais ce que nous possédons le mieux, ce qui demeure après nous, aussi longtemps que le monde, c'est l'avenir.

L'avenir, terrain précieux, préparé par nous pour donner ses fruits après nous. Semons, plantons toujours avec confiance. Les œuvres désintéressées réussissent à coup sûr.

Les parents se survivent naturellement en leurs enfants. S'ils ne veulent pas en jouir égoïstement, mais les élèvent pour l'avenir, avec fermeté et détachement, les enfants seront bons et deviendront des êtres utiles.

Ceux qui n'ont pas d'enfants peuvent se continuer par la fortune, puissance avec laquelle tant de maux peuvent s'adoucir.

Les pauvres, enfin, ont à léguer toutes les bienfaisances de leur cœur, lesquelles jaillissent en œuvres merveilleuses, témoin les Petites Sœurs des Pauvres et tant d'autres.

Vivons donc surtout pour l'avenir, horizon magique, qui nous fait espérer la compensation de nos déceptions présentes, des obstacles invaincus, des projets avortés. L'avenir, réalisation de nos intentions inconnues ou méconnues, floraison des meilleurs désirs, des semences demeurées stériles.

Certes, il est la plus importante partie de notre vie, et le présent nous est donné pour le préparer.

O avenir de notre âme pour l'éternelle Patrie, avenir de notre mémoire sur la terre! avenir du cœur chrétien, soyez béni d'avance, j'espère en vous! Que le glaive de l'archange défende notre souvenir, que son aile puissante abrite nos œuvres généreuses contre tous les orages!

Ecole prof. d'Imp. 19, rue Bonaparte. M. Maugeret dir.

TABLE

	Pages
Préface de François Coppée. . . .	5
Préface de l'Auteur	7
I — Rôle de la Vieille Demoiselle . . .	15
II — Le Foyer	23
III — Solitude, Recueillement, Action et Agitation	31
IV — Maîtres et Serviteurs	39
V — L'Art du Ménage	53
VI — La Toilette	61
VII — Physionomie de la Bonté.	69
VIII — Inquiétude, Prière, Sérénité . . .	77
IX — Amour Filial	83
X — Reconnaissance.	93
XI — Impressionnabilité, Timidité . . .	99
XII — Sur les Illusions	109
XIII — L'art d'être Malade	119
XIV — Éducation des jeunes enfants . . .	131
XV — Caractère, Orgueil, Vivacités Vengeances	141
XVI — Travail, Méthode	149

XVII	— Théâtre, Littérature, Enthousiasme Engouement	157
XVIII	— Bénéfices de la critique	163
XIX	— Suggestion, Atavisme	169
XX	— Choix d'une Carrière, Etat Militaire Littérature.	177
XXI	— Instruction des Jeunes filles. . . .	185
XXII	— La Jalousie.	197
XXIII	— Amabilité, Raillerie	205
XXIV	— Voyages, Malveillance, Sociabilité .	213
XXV	— La Nature.	221
XXVI	— Egoïsme, Isolement	227
XXVII	— Jour de réception, Visites intimes .	233
XXVIII	— Amitié, Affections détachées. . . .	241
XXIX	— Volonté de femme.	249
XXX	— Politique.	255
XXXI	— Religion, Tolérance	261
XXXII	— Le Suicide	267
XXXIII	— Valeur de la Vie, Prix du Temps. .	273
XXXIV	— Vieillesse, Dévouement, Désintéressement	281
XXXV	— L'Avenir, Derniers vouloirs, Dernières pensées	287

www.ingramcontent.com/pod-product-compliance
Lightning Source LLC
Chambersburg PA
CBHW071135160426
43196CB00011B/1906